劇場建築とイス
客席から見た小宇宙 1911-2018

BOOKEND

劇場建築とイス

客席から見た小宇宙 1911-2018

コトブキシーティング・アーカイブ

巻頭言

まもなく開演

池田 覺

　劇場やコンサートホールに出掛け、客席扉を開けると、たくさんの客席イスの向こうに舞台が見える。その見え方は劇場・ホールによって、いろいろである。客席に比べて、舞台には素敵な緞帳が掛けられていたり、大きな音響反射板がセットしてあったり、荘厳なパイプオルガンが設置されていたりと、それは多種多様である。舞台が大きければ、客席数も多いが、それでもできるだけ近くに舞台を感じられるような客席配置が採られている。劇場というと、古くはギリシア時代の野外劇場を思い起こす。緩やかな丘陵地に建てられた半円形のすり鉢状の客席は、オルケストラと呼ばれる演技空間に求心的に配置され、大量の観客が近くに、観やすく、聴き取りやすいように工夫されていた。この劇場の形式が劇場空間の原型ともいわれている。

　劇場・ホールは舞台と客席と、それらをサポートするスペースからなる。舞台は演じる、奏でるなどの舞台芸術の性格に応じて、その形状、大きさ、機能が最適なものでなければならない。創造活動するに相応しい形態、機能が求められる。それに対面する、集うスペースが客席である。舞台で上演される芸術を観る、聴くための空間は、舞台芸術を楽しむために視覚的にも、音響的にも十分な配慮が施されてはいるが、舞台との一体感、互いに影響し合える距離感であったり、観客、聴衆どうしの視覚的な親密感、連帯感であったりと、見える、聞こえるだけではないものがある。客席の雰囲気は、舞台で創り出された感動をより深いものに仕上げるものであって、妨げるものであってはならないのである。

　劇場建築にとって、舞台と客席空間、どちらが主役か。舞台芸術を支える最新の舞台技術と、それを担う専門家にとっては、舞台に比重がおかれ、その脇役的存在になりがちな客席空間は、舞台の邪魔にならないようにと、消極的な存在であったりもする。しかし、舞台で演じ、奏でる者と、客席でそれを観る、聴く者が相互に刺激し合うことで、より完成された芸術が生まれるとするならば、どちらも重要な役割をもつといえる。観る、聴く側がより快適に、いや、それを意識することなく舞台に集中できる調和のとれた空間で、感動が共有できる心地よい環境が重要なのである。

　非日常的なこのような劇場・ホール空間が、これから始まる舞台への期待と、感情の高揚をそれとなく創り出し、その環境の心地よさが、空間と時間が織りなす芸術を臨場感一杯に感じさせてくれよう。そのためには安全、安心はもとより人に優しい客席空間が何よりも大切であるように思う。見えもしない、聞こえてもこない「快適さ」をそっと肌で感じ、心地よい時間を過ごせれば、どんなに楽しいことか。

　ここに紹介された我が国を代表する多くの劇場・ホールのアーカイブから、劇場・ホールでしか体験できない心地よい空気を、幸せなひとときを、どれだけ感じてもらえるだろうか。さあ着席しよう、漂うざわめきとともにアナウンスとベルが開演を知らせる。

いけだ・さとる　株式会社 永田音響設計 取締役顧問

巻頭言

「まもなく開演」 池田 覺 　　　　　　4

日本の劇場史論

「戦後の劇場と照明設備」 吉井澄雄 　　　6

「日本の劇場・ホールの時代的変遷」 伊東正示 　　8

エッセイ

「劇場のイスの記憶」 串田和美 　　　　　14

「魔法の道具」 内藤 廣 　　　　　　　15

「舞台芸術の鑑賞を支える大切な装置」 草加叔也 　　16

1章 「施主の時代」から新しい展開へ 　　18
　　1911–1989竣工

2章 「芸術家の時代」の開花 　　　　　62
　　1990–1998竣工

3章 「観客の時代」の始まり 　　　　　118
　　2000–2010竣工

4章 「創客の時代」へ 　　　　　　　186
　　2011–2018竣工

劇場・ホール一覧／写真補遺 　　　　259

戦後の劇場と照明設備

吉井澄雄

戦火を免れた劇場

本書は『劇場建築とイス』という題名を超えて、現代日本の劇場・ホールを鳥瞰している。第二次世界大戦後、戦災を逃れた日比谷公会堂（劇場ではない！）で、オペラやバレエの上演のために悪戦苦闘していた私たちには、想像を超える百花繚乱の建築群である。だが残念なことに、多くの劇場・ホールには、そこを拠点に活動するオーケストラや劇団、舞踊団、オペラ・バレエ団の姿が見あたらないという、わが国上演芸術の現実も明らかになっている。

戦争の間に、米軍はB-29爆撃機の焼夷弾による絨毯爆撃で東京を焼け野原にした。しかし彼らは、戦争に勝利したあとの占領行政に必要と思われる建物は爆撃目標からはずしていた。マッカーサー元帥が司令部として使用した日比谷の第一生命ビル、明治生命ビルなどである。劇場では、東京宝塚劇場（1934-97年）、邦楽座（1924年開館、1934年「丸の内松竹」に改称）、旧帝国劇場（pp. 28-31参照）、有楽座（1935-84年）などが戦火を免れた。東京宝塚劇場は米軍に接収されてアーニー・パイル劇場となり、オペレッタやミュージカル・ショウを上演する占領軍娯楽施設の中核となった。邦楽座はピカデリー劇場として主に現代劇を上演し、両劇場共、日本人は立ち入り禁止となった。

廃墟に咲いた花

東京宝塚劇場はオーケストラピットをもち、当時のわが国で数少ない、世界水準の技術設備を誇る劇場だった。照明システムは変圧器式で、変圧器をワイヤーによって遠隔操作するレバー群の駆動モーターの動作方向をプリセットする調光機など、独創的、先進的な技術的アイディアに溢れる劇場だった。

この変圧器式の照明設備が、1960年代にサイリスター（半導体）の時代が到来するまで、わが国照明設備の中核だった。大きな鉄のかたまりである変圧器は、舞台の近くに置く必要があり、その変圧器をワイヤーで操作できる範囲の、舞台がろくに見えない舞台袖やフロント投光室に、照明をコントロールする心臓部である調光室を設置しなければならなかった。

変圧器式より少し時代を遡る照明システムが抵抗器式である。皇居に面した旧帝国劇場は、典型的な欧州式のオペラ・バレエ劇場で、舞台は奥へゆくほど高くなる傾斜舞台だった。ワイヤーによる遠隔操作の抵抗器式調光機は独ジーメンス社製で、そのメカニカルな操作性は秀逸だった。戦後すぐの1946年8月、東京バレエ団[1]が日本で初上演した「白鳥の湖」は、廃墟に咲いた夢のように美しい花だった。

有楽座は傾斜舞台をもつ洋風の劇場で900人を収容した。照明システムは国産の変圧器式で、短いワイヤーによる遠隔操作の調光機だった。1950年にこの劇場で小牧バレエ団[2]が日本初上演した「ペトルーシュカ」は、ストラヴィンスキーの清新な音楽で私たちに生きる力を与えてくれた。

オペラ・バレエの上演が可能だった旧帝国劇場や有楽座は、東宝がオーケストラ、オペラ、バレエから全面撤退したために映画館となり、オペラ・バレエの上演会場は、オーケストラピットもない日比谷公会堂だけの時代になる。

1960年代に誕生した本格的劇場・ホール

1961年に登場した東京文化会館（pp. 20–27）は、わが国で初めての、オペラ・バレエ上演の条件を満たしたホールだった。充分な広さのオーケストラピット。プロセニアム劇場の条件をかなえる簀の子の高さ。優れた音響。わが国で初めての照明用フライブリッジの採用など、当時考えられる限りの最良のホールが実現した。ただ照明システムは変圧器式のため、調光室は下手の投光室奥に設置された。2014年の改修で、照明システムがサイリスター式に変更されると共に、調光室も2階客席後部中央に移転した。

1963年、ベルリン・ドイツ・オペラによる「フィデリオ」で開場した日生劇場（pp. 42–45）は、日本の照明設備が変圧器からサイリスター（半導体）へと移り変わる、時代の先駆けとなった。調光室を舞台が良く見渡せる、客席後部中央に置くことが常識となり、ワイヤーによる電圧制御は低電圧による位相制御に、重くて巨大なレバーから小さなフェーダーに変わって女性照明家の参加への可能性が開けるなど、変圧器時代からはコペルニクス的な変革となった。フェーダーによる多段プリセット式からはじまり、現在はテンキー入力によるメモリー式が主力だが、コンピュータによる遠隔制御のムービングライトが加わり、時代と共に進化を続けている。

当時、最新の照明設備を計画中だった日生劇場で、村野藤吾先生が現場事務所に劇場イスの実物模型を置かせて、イスのプロポーションやカーブ、生地の質感や色彩など、何度も腰かけチェックされていた姿が今なお目に浮かんでいる。

よしい・すみお　舞台照明家

建設中の日生劇場内部（左）、開館当時の日生劇場と日比谷の街並み（右）　写真提供：日生劇場

1　舞踊家・演出振付家の島田廣の発案に、戦後復活した日本のバレエ界が協力して1946年4月に東京バレエ団が結成され（1950年まで活動）、その第一回公演として「白鳥の湖」全4幕が上演された。
2　前述の「白鳥の湖」で演出を担当した小牧正英が創設したバレエ団。同年「胡桃割り人形」（日劇）、翌1948年「イーゴリー公」（旧帝国劇場）、1950年「ペトルーシュカ」（有楽座）と、次々に日本初上演を果たした。

日本の劇場・ホールの時代的変遷

伊東正示

1章　第一世代「施主の時代」から第二世代「芸術家の時代」への移行期

時代背景：戦後の第一世代として、大会、集会を主目的とした公会堂が建設され、「大きな客席、小さな舞台」が主流であった。1968年に文化の振興、普及および文化財の保存、活用を図る目的で、文化庁が発足。これを契機に、文化会館、文化センターが建設され、集会施設から劇場・ホールへと移行していく。

銀座セゾン劇場 ── 演劇の劇場とイス

銀座セゾン劇場（竣工：1987年、設計：菊竹清訓、後に「ル・テアトル銀座 by PARCO」と改称、2013年閉館）では、計画の初期段階から舞台関係者が参加して、その意見に基づいて劇場づくりをしている。実際に劇場を使う人の意見はとても説得力があり、客席イスに関しては、手や身体に触れる部分だからこそ素材にこだわって、肘掛けは木に、座面の布地は100%の天然素材にしたいという要望だった。さらに、演劇劇場とコンサートホールにおけるイスの作り方の違いも演劇人らしい視点から示された。コンサートホールであれば、観客は演奏の音楽に集中したいので、隣の人と触れ合わないよう、幅にゆとりをもたせ隣の人を意識させないイスの作り方が好まれる。一方、演劇劇場では、演者と個々の観客の関係だけではなく、観客どうしの連帯感や全体としての観客のあり方が重要で、そのためにはイスの幅は広すぎず、どこか身体どうしが隣の人と接触しているくらいのほうが、適しているという。この結果、ほぼ同じ時期に建設が進んでいたサントリーホールの幅が52センチに対し、銀座セゾン劇場は49センチで、3センチ狭くなっている。しかし、この劇場が狭くて居心地が悪いという声は聞いたことがない。一体感という演劇のもつ重要な要素とイスが大きく関わっているということを、この劇場づくりのなかで初めて学んだ。

東京文化会館 ── 死角を解消した六角形の客席形状

有名なオペラの舞台監督である小栗哲家さんは、いつも建築家や我々劇場コンサルタントに対して「何十年経っても東京文化会館を超えられていない」と言う。東京文化会館（pp. 20–27）の大ホールは約2,300席を収容するが、この規模であれだけ見やすい劇場をつくることはとても難しく、客席が六角形になっているところにその秘密がある。馬蹄形の劇場はサイドの席から舞台が見づらいという短所があるが、六角形の舞台に面する3つの辺に客席を置き、どの席からも舞台が良く見える。六角形で多層のバルコニーを積み上げていくことで、舞台から見ると観客に囲まれているような雰囲気を生み出しており、伝統的なオペラハウスの雰囲気を残しながら、その欠点を解消する見事な設計である。

　ドイツでは、第二次世界大戦で多くのオペラハウスが壊されたため、近代的なオペラハウスはドイツで発達した。ドレスデンのゼンパー・オーパー（州立歌劇場）のように、原形のままホワイエや客席を復元しようという考えと、それも含め新しく作り直そうという2つの考え方があった。旧西ドイツの都市では客席も新しくした劇場が多く、馬蹄形のマイナスの面を解消するためにスレッジ（ソリ）形 ── バルコニーが突き出し、すべての客席を舞台に向かっ

て配置した、ボックス席のような形態 —— のバルコニー席などを採用している。この形式は、日本では愛知県芸術劇場（pp. 74–75）に見られるが、ドイツで発達し、日本に輸入されたものである。一方、東京文化会館のような六角形はあまり海外でも例がないように思う。前川國男先生はどこからあのような形を思いつかれたのだろうか。全体にすり鉢状になった1階席の空間も理にかなっており、正面と両サイドの少し斜めになった部分の組み合わせ方も実に巧みに構成されている。

ル・テアトル銀座 by PARCO（旧銀座セゾン劇場）の内観　撮影：鹿野安司

2章　第二世代「芸術家の時代」の開花期

時代背景：「多目的＝無目的」の反省から、主目的ホールへと移行し、舞台空間・舞台特殊設備の充実、走行式音響反射板と可動プロセニアムの導入。さらに、コンサートホール、オペラハウス、実験的小劇場などの複数の専用ホールを設置したパフォーミングアーツセンターが誕生する。

サントリーホール —— クラシック音楽のための専用ホール
日本の音楽専用ホールの先駆となったサントリーホール（pp. 54–57）は、ベルリンのコンサートホールがベースになったといわれており、いわゆるヴィンヤード（ぶどう畑）形と呼ばれる、客席が舞台を取り囲むスタイルである。段々畑のようにブロックごとに分けられた客席は、いろいろな見え方がするように作られている。また、ブロックの境には小さな壁が立ち上がり、これが音響的にも有効な反射面を作り出しているが、そのこととサイトラインの確保（舞台がどう見えるか）とのせめぎあいのなかで、どうしても効率が悪くなってしまう。しかし、サントリーホールはその点もうまく設計されている。2階席は舞台に向かって少し斜めになっているため、境の小壁の手すりがジグザグになっているのも意匠として面白く、客席からの向きを調整しながらサイトラインも確保し、音響的にもよい音を生み出している。

　ちょうどこの頃から、多目的ホールではなく、目的に合わせた専用ホールをつくるべきだという意見が出はじめ、大型ホールはクラシック音楽をメインにするのが主流となった。その

結果、地方に作られる客席数の多いホールはクラシック音楽の演奏にどんどん寄っていき、残響時間が長くなった。そうすると、当時は電気音響設備の性能に限界があり、過剰に響いてしまうため、講演会や演劇などでは、言葉が聞き取りにくくなってしまっていた。現在は電気音響の性能が向上しており、指向性の強いラインアレイスピーカーを並べることによって、人のいるところにしか音が出ないように調整されているため、以前よりは聞き取りやすくなっている。いずれにせよ、クラシック音楽をメインに据えると残響時間が長くなりすぎる傾向があるので、たまに（残響時間の長くない）昔ながらのホールでコンサートを聞くと、非常にさわやかに聞こえる。本当はもっともっといろいろなタイプのホールがあって、残響の長いブレンドされた音のホールもよいが、もっとクリアなすっきりさわやかな音響のホールもあってよいと思う。

ルナ・ホール ── 実験劇場の先駆

本書には掲載されていないが、1970年芦屋市に建設されたルナ・ホールは、内装を黒一色にした実験的な劇場である。ステージ形式がいろいろに変えられる「アダプタブル（可変的な）シアター」であり、片側に舞台を置くエンドステージ形式や、三方から観客が取り囲むスラストステージ、そして中央に舞台があるアリーナ形式など、さまざまに転換できる。この劇場は、設計者の山崎泰孝氏の考えで、イスの背の高さをかなり低くしている。後方の席から、イスの背ではなく人間の背が見えることで、観客どうしのつながりを深くしたいとの意図がある。こうしておけば、子どもが演劇を見にきた時も、イスの背で舞台が見えないということは起こらない。建築家は、使われていない状態で客席を考えてしまうきらいがあるが、劇場とは観客がいて、上演されている時、初めて劇場となるのであって、観客が劇場空間を作っているといっても過言ではない。イスの配置も、まっすぐ横に並べるよりも少し曲線にして、同じ列の人の姿が少しでも見えたほうが、ずっと高揚感が増す。

彩の国さいたま芸術劇場 ── パフォーミングアーツセンターの誕生

それぞれ個性をもつ4つの劇場を備える（pp. 64–69）。なかでも、大ホールは、イギリスのジョージア朝の劇場と、元禄時代の歌舞伎小屋とを重ね合わせるイメージでデザインされた。つまり、人間の動きを観客が見るという、空間のスケール感は洋の東西を問わず似たようなもので、イギリスで演劇が盛んだった時代と、江戸時代の歌舞伎が一番盛んだった時代を重ねると、ほぼ同じスケール感になるので、この劇場ではその古き良き時代の雰囲気が再現されている。音楽ホールは、トップサイドライトから光が降りてくる、ウィーンの楽友協会ホールを目指した。小ホールは、最初は完全な半円形のギリシア・ローマの劇場形式だったが、それを少し変形させて楕円形に近くなっている。ニューヨークに類例があって、ギリシア・ローマを現代版にアレンジした劇場をさらにアレンジするという、二重の構成になっている。つまり、彩の国さいたま芸術劇場の3つの劇場では、劇場の歴史をたどるように、ギリシア・ローマから始まって、中世を経由し、シェークスピアの時代からその次のジョージア朝に至る時代、そ

してコンサートが始まった時代の音楽ホールまでとり揃え、さらにそれらをガレリアとロトンダでつないでいる。この施設は建築会賞など多くの賞を受賞しているが、設計の香山壽夫先生は、建築言語を駆使し、それぞれの劇場が特色をもちながら、大きなハコの中におさめるのではなく、個々の形態が際立つ建築を実現させている。

　この大ホールが演劇のために作られた劇場であるように、ホールは徐々に専用ホールの傾向を強めていく。多目的ホールが主目的ホールになり、さらにその先の専用ホールの時代が到来する。オペラ・演劇用の大ホール、コンサート用の中ホール、実験的な演目のための小劇場というように、完全に機能を分けたホールが生まれた。東京芸術劇場や愛知県芸術劇場もその事例。前者は2,000席のホールは完全にコンサート用のホールで、中劇場は改修時に「プレイハウス」という名称になり、野田秀樹氏の監修で演劇のための劇場に特化している。クラシックのコンサートホールは、その他のジャンルにとっては残響時間が長いことが最大のネックとなり、音響反射板があるホールは、それを使わない時はどこに収納するかが大きな課題となる。

　この時期は、地方にも本格的ホールが生まれている時代であり、バブルが弾け、その対策として公共事業が盛んになったのを受け、景気後退のなかで豪華な劇場・ホールが全国各地に生まれることになった。

3章　第三世代「観客の時代、創客の時代」への移行期

　　　時代背景：複数の専用ホールを設置する劇場からさらに、創造部門の充実を図
　　　るため、練習室、稽古場、情報センターなどを設置し、日常的に利用できる施
　　　設という発想が生まれ、さらに芸術文化にとどまらず、地方都市における公共
　　　施設のあり方を模索する劇場も現れた。

茅野市民館 ── 文化芸術から産業まで

茅野市民館（pp. 126–31）は地方都市において新しい劇場を作るときのモデルとなった。それは、「文化芸術から産業まで」をコンセプトに、多目的に使うために、客席空間が可動式になっていることと、その転換方法が、段床に客席イスが設置された客席ワゴンをエアキャスターで動かすことで、簡単に行えるようにしたことによる。例えば、エリザベス朝様式の張り出し舞台になったり、センターステージになったり、ファッションショーのように客席の中央にランウェイを設置して両サイドから見るなど、組み替えが自由にできる。最近上演された市民創作劇「隣の縄文人」では、客席の向きを完全に180度回転させて、本来客席のある側に舞台をつくった。ホワイエと従来の客席との間の壁が全開するので、役者が芝居のラストシーンで全員、ホワイエにでてくることで、縄文時代の人が現実世界に戻っていくという演出を可能にした。つまり、芦屋のルナ・ホールで採用した「アダプタブル・シアター」のように、劇場空間の可変性が観客との新しい関係性を生み出したということだ。さらに舞台芸

術の領域を超えてさまざまな用途にも使うことができる、二重の意味で画期的な劇場となった。最近の劇場法に「みんなの広場」という概念があるが、この施設はまさに劇場が「広場」へと移行するきっかけとなった事例であり、舞台芸術の愛好家だけでなく、地域住民にとっての「集まる場所」、「居場所」という一つの大きな方向性を示したと言える。

4章　第三世代「観客の時代、創客の時代」の本格化

　　時代背景：地域劇場やパブリックシアターの出現から、市民参加、市民参画、
　　市民が主役という発想が生まれ、劇場は「日常的なにぎわいの創出、まちづくり、
　　ひとづくり」の拠点となってきた。

北上市文化交流センター・さくらホール ── 日常的なにぎわいの創出

かつて劇場は、その日コンサートやお芝居が上演されるから、チケットを買って見に行く場所、特別な時に行く場所、非日常空間というように認識されていた。近年では「暇だったら行ってみる、そこに行けば楽しく時間が過ごせる」場所へと位置づけが変化しつつある。そのひとつのきっかけになったのが、北上市の「さくらホール」（設計：久米設計、故・野口秀世）である。さくらホールには、会議室や和室、練習室など「アートファクトリー」と呼ばれるエリアに21の小部屋があって、それらが3つあるホールの真ん中、建物の中心に設けられている。小部屋はすべてガラス張りで、若者のロックバンドが練習していたり、学生がダンスをしていたりする様子を外から見ることができる。また、小部屋を分散配置した間のスペースがウッドデッキになっており、イスやテーブルが沢山置いてある。近くにある高校の生徒たちは学校が終わると、バンド活動やダンスをやっていなくても、そこにやってきて勉強をしたり、思い思いの時間を過ごしている。ホールを訪れる大人も、練習風景を目にすることで、ロックをやっている若者は見た目が少し派手で不良のように見えてしまうけれど、一生懸命練習する様子から、彼らの頑張っている姿、生き様が見えてくるので、世代間の理解が深まる。それが評価され、金沢21世紀美術館と同年に建築学会賞を受賞している。21世紀美術館も、ガラス張りの建物の中に、いろいろな部屋が分散配置されているが、それ以来、公募型プロポーザルの応募案の半分以上がさくらホールの亜流になるほど、流行になった。建築学会賞の審査会は冬に行われたが、審査員は雪積の中で外観を見るよりも、ホールに集まった人々の活動（階段の下でダンスを踊っている学生や、デッキで過ごす学生）に魅せられ、建物そっちのけで盛んに人々の写真を撮っていた。建築のデザインを評価するよりも公共施設の役割を果たしている様子を評価したということであり、そのこと自体、画期的であった。

勝浦市芸術文化センター ── 日常的に使うために

「なみきスクエア」（pp. 228-31）など、山下設計で劇場を次々と担当する安田俊也氏は、勝浦市の「キュステ」（pp. 216-19）で、客席にロールバックチェアを導入した。ロールバックチェアは簡易に組める、簡単に動かせるという大きなメリットがあるので、そのことを優先してい

る。それによって、施設の基本を劇場スタイルに置かず、むしろ平土間を基準にして、フリーにいつでも使える「広場」と捉え、劇場として使いたい時にはイスも出せるという逆転の発想を打ち出した。つまり平土間でいつも市民に開放しているほうが、稼働率も上がるという考えである。地方の小都市においては、ホールを劇場として使うことのほうがレアケース、まさに非日常的である。ホールを「日常的に使う」という姿勢を示し、使いこなす、使い倒す。劇場離れが加速し、劇場に行かなくても日々の生活に何も支障はない。そんな時代であればもっと敷居を低くして間口を広くして、楽しく使ってもらえる。暇があったら行こうという空間にしようという、気軽さ、気安さを前面に出した事例である。

いとう・まさじ　株式会社シアターワークショップ 代表取締役

右上：北上市文化交流センター さくらホール外観　撮影：筆者
右下・左：さくらホール内の「アートファクトリー」の様子　撮影：淺川敏

劇場のイスの記憶
串田和美

昔、町のはずれに大きな樹があって、人びとはそこに集まり、お祝い事をしたり、旅芸人の歌や芸能を楽しんだ。悲しい出来事があった時もその樹の下にみんなが集まりなぐさめあい、悲しみの歌を唄った。時にはこの世の不思議を深く味わい、時には笑い転げて生きる力を感じ取ったりもしただろう。

　樹の下には座り心地の良い芝が生えていて、人びとはその場所のことを「芝居」と呼んでいた。

　やがてそういう広場に屋根や壁が設けられ、芝の代わりに桟敷がつくられ、観客たちは座布団に座って、巧みに演じられる演劇を楽しむようになった。

　それでも人びとは芝など生えていないその演劇のための建物のことを「芝居」と呼び、時には「戯場」などと書いて「しばい」とルビをふったりした。つまり「芝居」は演劇がおこなわれる場所のことであったのだが、いつしかそこでおこなわれる演劇そのもののことを「芝居」と呼ぶようになったのだ。そして演劇のための施設の方は「芝居小屋」などというようになり、やがて劇場ともいうようになる。

　芝居小屋の座布団は、野天の芝より座り心地が良いような気もするが、芝生のように自由ではない。芝生の席は仕切りがなく、どこまでも自分の領域であり、また誰の領域でもあり、寝転がったり、興奮して走り回ったりできた。それで座布団に座った観客たちは時々芝生の自由を無意識に思い出し、斜めにずらしてみたり、興奮したらその座布団を宙に放り投げたりもした。

　そして今、劇場の観客席はイスである。まったく同じサイズの同じ座り心地の個別性のないイスが整然と並んでいるのが劇場である。しかし本当にそうなのだろうか？私は劇場に入り、美しく並んだイスを眺める。そして決められた自分の観客席に座る。イスが私にかすかな合図を送る。それは何人もの観客の感動の証のような、何千人もの個別の人びとの興奮の記憶のようなささやきである。同時に何百年か前の芝生の座り心地であり、芝居小屋の座布団の座り心地の記憶でもある。それが劇場のイスというものであろう。

　私は劇場に入り、そのイスに座る何千人目かの観客として身震いする。

くしだ・かずよし　俳優、演出家

魔法の道具

内藤 廣

子供の頃の原体験から、狭いところに閉じ込められるのが苦手だ。軽い閉所恐怖症かもしれない、と思うこともある。

劇場は暗箱である。もし異星人がやって来てこれを見たら、人間というのはあんな暗い場所に密集した状態で何時間も閉じ込められて、それも動かずに過ごしているのを不思議がるだろう。あの暗い箱の中で、きわめて不自然な状態をみずから強いている。なぜ人間はそうまでして劇場を必要とするのだろうか。

戦後を代表する思想家のひとりである吉本隆明は、70年代に「共同幻想」という有名な言葉を創案した。国、地域、村、家族、そういった共同体を形容する言葉だが、見方によって劇場は共同幻想が胚胎する場所と見ることもできる。2時間ほどのつかの間、人々は音楽にせよ演劇にせよ映画にせよ、舞台で繰り広げられるものを共有し、心を奪われ、似たような感情を抱く。すなわち共同幻想の中に居ることになる。

社会では個々バラバラに生きている人たちが、ここに集まった瞬間は同じような思いを共有することができる。泣き、笑い、怒り、感動し、それを共有する。劇場はそれを可能にしてくれる。一人で見るテレビやパソコンの画面ではこの共有はあり得ない。最近流行のVRがどんなに進化しても、それは劇場が生み出すものとはまったく異なる体験だ。つまり、劇場が可能にするような「一期一会の空間と時間を見ず知らずの他人と共有する」ということはVRでは不可能だからだ。だから、劇場という人間にとっては不自然この上ないこの建築形式は、どんなに技術が進化しても、遠い未来も存続しているはずだ。

舞台に心を奪われ、われを忘れる。その時、わたしたちは自分の身体を置き去りにしている。舞台で繰り広げられる音楽や演劇や映画が生み出すイメージに心をゆだね、心を奪われ、われを忘れ、つかの間の共同幻想に身をゆだねる。「われを忘れる」とは「自分の身体を忘れる」ということだ。

身体が気になっては、「われを忘れる」ことはできない。そう考えれば、良く出来た劇場のイスは「われを忘れる」ための魔法の道具だと言える。この道具によって、われわれは、暗い箱に閉じ込められていることを忘れ、狭苦しさも忘れ、時が経つのも忘れ、汗臭い日常も忘れ、そして「われを忘れる」ことが出来るのである。

可能であれば、この魔法の道具は空気のようであるといい。まるで存在しないかのように身体を支える道具であることが理想だ。現実には空間には制限があるからそうもいくまい。ただし、この理想は捨てない方がいい。脳科学や生理学の進歩は、脳と身体の神秘を解き明かしつつある。これからの劇場のイスは、これらを駆使して「われを忘れるための魔法の道具」となる時代へと入っていくのではないかと思う。

やや逆説的だが、魔法の道具は自らの存在を消すことによって機能する、ということになる。同じように劇場空間の理想も、自らが忘れ去られるように、あたかもその場所が存在しないかのようになるのが理想だろう。新たな時代の共同幻想の質とはそのようなものなのだと思う。リアルなアンリアル、それこそ音楽や演劇の理想の姿だといえる。

ないとう・ひろし　建築家

舞台芸術の鑑賞を支える大切な装置

草加叔也

地面に敷かれたシートの上に古いカーペット、運が良ければその上に最小限の座布団。"劇場"原体験の客席は、決して華やいだものではない。ただ、ある日忽然と現れる仮設テント劇場は、怪しい魅力に満ちていた。さらにその数年前、岡山県の中学生だった頃、体育館の床に畳表一枚だけを敷き、膝を抱えながら聴いた岩崎淑さんや堤剛さんの音楽鑑賞教室。その時聴いた音楽が何だったか思い出せないのは、長年その床のせいだと思い込んできた。

　一般に劇場や音楽堂の客席は、必ずしも客席イスのことを言うわけではない。観客を収容する巨大な空間、その中に積み重ねられたバルコニーとそれらを取り囲む壁、天井と色調。また、これから始まる舞台への期待を高めるため、ほどよく調光された客席照明。これらが一体となり、客席が印象付けられる。もちろん、その中で最も観客の近くに客席イスがある。

　半世紀前の客席イスは、お世辞にも座り心地を云々できるものではなかった。当時の技術力にも限界があったかもしれないが、それ以上に当時の観客や利用者は、そのことを許容してきた。しかし時代は移り、劇場や音楽堂に望む期待は大きく変化してきた。ただ、演じられる作品や演奏を楽しむだけでなく、劇場や音楽堂に出かけることやそこで過ごす時間を特別なものとして楽しむようになってきた。そんな時代の客席イスには、二つのことが求められる。その一つが客席に座る観客や利用者へのホスピタリティ。つまり、そこで過ごす時間を決して邪魔しないこと、演じられる舞台に集中できることが求められるようになってきた。かつては客席幅や前後間隔も狭く、座面や背板は硬く、身体が動くと軋み音が鑑賞を邪魔したり、客席の背が後傾しすぎて、鑑賞姿勢が保てないということもあった。また、直接客席イスに起因するわけではないが、客席段床や客席位置によって、舞台先端部での演技や舞台開口の半分ほどの背景が見切れることも見過ごされてきた。もう一つが舞台の感動を共有できる客席形状である。例えば、隣り合う観客が、お互いが観ている舞台からの興奮や高ぶりを共有できるよう、必要以上に客席幅を広げないことや背板を高くしすぎないことで、舞台での演技や演奏を客席相互に一体となって楽しむこと、隣席の観客の肩の震えを感じられること、さらには客席全体を包み込む万雷の拍手の渦の中に身を置くこと。そんな親和性や一体感を生み出すことも劇場体験の大いなる魅力となる。

　劇場や音楽堂の客席イスは、客席空間を構成する重要な要素であるが、その空間との調和を保つことが必要となる。そして、今後も舞台芸術の鑑賞を支える大切な装置として、さらなる進化が期待されてくる。ただし、くたびれて弾力を失った最小限の座布団と肩が触れ合うほどの客席空間でも、魅力的な舞台の感動を共有する仕掛けになることもある。

くさか・としや　劇場計画コンサルタント

謝辞

刊行にあたり、本書に掲載されたすべての劇場・ホールおよび設計関係者より
多大なるご協力を賜りました。ここに謝意を表します。

凡例

・本書は、コトブキシーティング株式会社の写真アーカイブより日本の劇場・
　ホール57件を取り上げ、竣工年別に4つの時代に分けて掲載した。

・事例の選択にあたっては、劇場の特徴［専門性、コンセプト、建築的要素、
　都道府県、設計者など］の多様性に配慮し、また、時代や制度を背景にした
　新しい形態にも注目した。

・建築データには、所在地（都道府県・市町村）、施主（建築主）、設計者、
　竣工年、改修年（全面改修）、客席数の順に記した。客席数は、稼働観覧
　席や可動席、車椅子対応席などを含む最大数を表す。

・写真は一部に施設や設計者から提供されたものを含む。各写真に関する補足
　情報および写真クレジットは、巻末に記載した。

This book was published in 2019 by Bookend Publishing Co., Ltd.
in conjunction with the Kotobuki Seating Co., Ltd. 100th Anniversary Project.
Copyrights © 2019 Kotobuki Seating Co., Ltd.
Book design by Shigeru Orihara
All rights reserved.
Printed and bound by NISSHA
ISBN978-4-907083-56-4

20	東京文化会館
28	帝国劇場
32	大阪市中央公会堂
36	ロームシアター京都
42	日生劇場
46	国立劇場
47	国立能楽堂
48	熊本県立劇場
54	サントリーホール
58	オーチャードホール

1

「施主の時代」から新しい展開へ

1911–1989 竣工

東京文化会館

■所在地：東京都台東区　■施主：東京都　■設計：前川國男建築設計事務所　■改修：前川建築設計事務所
■竣工：1961年　■改修：2014年　■席数：大ホール＝2,317／小ホール＝653

「首都東京にオペラやバレエもできる本格的な音楽ホールを」という要望から、東京都の開都500年事業として、上野公園の一角に建設された。1961年の開館以来、ウィーン国立歌劇団をはじめ、海外の著名な歌劇団、交響楽団、アーティストによる名演の数々が繰り広げられてきた。建築家前川國男によるモダニズム建築の傑作としても知られる。オペラ、バレエ、オーケストラなどの公演を行う大ホール（pp. 20–23）では、壁面を埋める雲形の造形物が異彩を放つ。これは彫刻家向井良吉による木彫作品で、音響拡散体として「奇跡」と言われる優れた音響に貢献している。赤い張地の客席に所々混じる黄・青・緑のシートは花畑をイメージしたもので、空席を目立たなくする効果も意図されている。

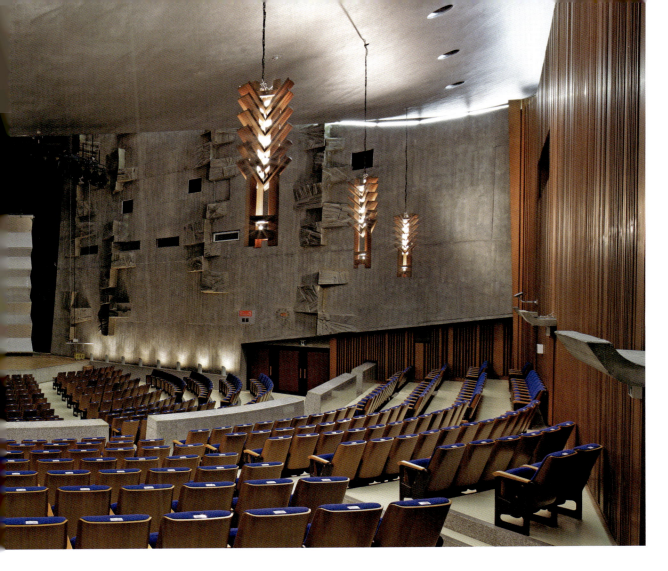

施設内には、室内楽などに使用される小ホール（pp. 24-25）のほか、リハーサル室、会議室、全国でも珍しい音楽専門の図書館である音楽資料室がある。ロビーやホワイエ（p. 26）の空間は、林立する独立柱や、星空を思わせる青い天井、落ち葉模様の床タイルなど、上野の森と建物が連続するようデザインされている。自然環境との調和にいち早く注目した建築は、前川の師であるル・コルビュジエの影響を感じさせる。2003年にDOCOMOMO JAPAN選定の「日本におけるモダン・ムーブメントの建築」に選ばれた。2014年12月に半年の改修工事を経てリニューアル・オープン。

東京文化会館の劇場イス改修

2014年に行われた東京文化会館の改修工事では、大ホール、小ホール、ホワイエの天井を改修する際に足場を設置するため、約3,000席の劇場イスを撤去し、仮置きするスペース確保が必要となった。文化会館の改修履歴を調べてみると、大ホールは稼働率が高いことから約20年の周期でイスの改修を行っており、現在のイスは1999年の改修時の張り替えから、15年が経過していた。そこでこの機にイスを改修することで、工事中の置場の問題も同時に解消する対応が図られた。

改修では、イスの座と背板のウレタン材の取り替え、張地の張り替え、木部の補修、鉄鋳物脚部の再塗装が行われた。ウレタン材を替えることで吸音率が上がり、ホール全体の響きに影響を与えることは、音響専門家も指摘する通り[1]、ホールを改修するにあたって着目すべき点の一つである。これまで文化会館改修の際には、張地の裏側にラミネート加工を施し、吸音を軽減する対策が採られてきた。今回の改修にあたり、大・小ホールの張地を剥がし、それらのラミネート加工について詳細に調査してみると、2つのホールでは改修時期が異なるため、材料の主成分や厚みにも差があることが判明した。そこで、ラミネート加工の材質や厚みを最適の規格に統一するため、現状、加工無し、加工の厚みを変えた2種の計4つのパターンで吸音測定を実施。その結果から、座り心地を考慮して厚みを決定し、素材には塩化ビニルを採用した。

張地については、試作品と弊社で保管する1999年の改修時の張地見本を比較したところ、見た目の風合いに差が見受けられた。これは、ウール生地の起毛によるもので、通常、肌触りをよくするために起毛を行うが、今回は特注色の縦糸1色と横糸2色の混色のため、起毛することで糸が潰れて3色が不明確になってしまっていた。これにより、起毛を行わず、現況にできるだけ近い張地とした。

前川建築設計事務所　江川 徹

1　永田音響設計『News』16-05号、2016年

帝国劇場

- ■所在地：東京都千代田区　■施主：東宝　■設計：谷口吉郎
- ■竣工：1966年（創立1911年）　■改修：2018年　■席数：1,897

渋沢栄一ら財界人の出資で、1911年に日本初の洋式劇場として開場。フランス・ルネサンス様式の4階建ての「帝劇」の誕生は、日本の近代演劇の幕開けとなった。1923年の関東大震災で焼失するも後に再建。1966年に同じ敷地に建てられたビルの中に、1,800を超える客席と最新舞台機構を誇る現在の新生"帝劇"がオープン。谷口吉郎の設計によるモダン建築で、和を感じさせる端正な外観が特徴。猪熊弦一郎によるステンドグラスやオブジェを配したロビーとともに、豪華さと気品漂う劇場空間が観客を魅了し、ミュージカルや大型現代劇などの中心的劇場となった。竣工から半世紀を経た2018年に大規模なリニューアル工事を実施。シンボルともいえる紫色のシートと席数を維持しつつ、イスの配置や細部に工夫をこらし、舞台と客席の一体感を図った。

大阪市中央公会堂

■所在地：大阪府大阪市　■施主：大阪市　■設計：岡田信一郎、辰野金吾、片岡 安　■改修：坂倉建築研究所
■竣工：1918年　■改修：2002年　■席数：大集会室＝1,161

アメリカの公共施設に感銘を受けた個人の寄付によって、1918年に鉄骨煉瓦造の地上3階、地下1階建てのネオ・ルネサンス様式の建物で開館し、2018年に100周年を迎えた、日本有数の公会堂建築。2002年11月に、3年半におよぶ保存と再生工事が完了し、リニューアルオープン。同年12月には、アーチ状の屋根や天井画・壁画など外観・内観の優れた意匠により、国の重要文化財に指定された。過去の改修で失われたシャンデリアや折り上げ天井を復原し、創建当時の意匠にできるだけ近づけながら、照明・音響・舞台設備を一新。大集会室（ホール）には、14本の円柱に囲まれたフロアに最大810席の1階客席（pp. 32-34）と、円柱の外側に351席の2階客席（p. 35）がある。アルミ鋳物脚や特徴的な背板のトリミングラインなど、ネオ・ルネサンス様式の建物に合わせて設計されている。

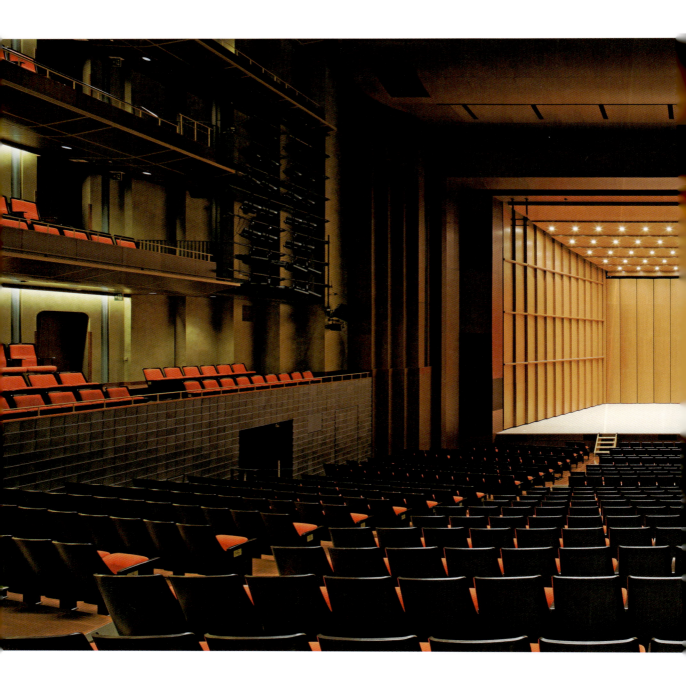

ロームシアター京都

■所在地：京都府京都市　■施主：京都市　■設計：前川國男建築設計事務所　■改修：香山壽夫建築研究所
■竣工：1960年　■改修：2015年　■席数：メインホール＝2,005／サウスホール＝716

前川國男の設計で1960年に「京都会館」として開館。戦後のモダニズム建築の傑作と称され、公立の多目的文化ホールの先駆けとして、戦後復興の中で京都の新しい文化拠点の役割を果たした。その後50年にわたり、京都府唯一の2,000人規模の施設として市民に愛されてきた。2016年1月に前川の設計・建物価値を継承する形でリニューアルオープン。ネーミングライツにより現名称となった。

旧第一ホールのあった北側に新築された「メインホール」（pp. 36-39）は、客席規模を維持したまま、舞台の広さや高さを拡張することで、バレエやオペラなどの総合舞台芸術に対応。イスの張地は、リニューアルの設計を手がけた香山壽夫が、空間コンセプトである「琳派」をテーマに描いたススキの図案をモチーフにしている。

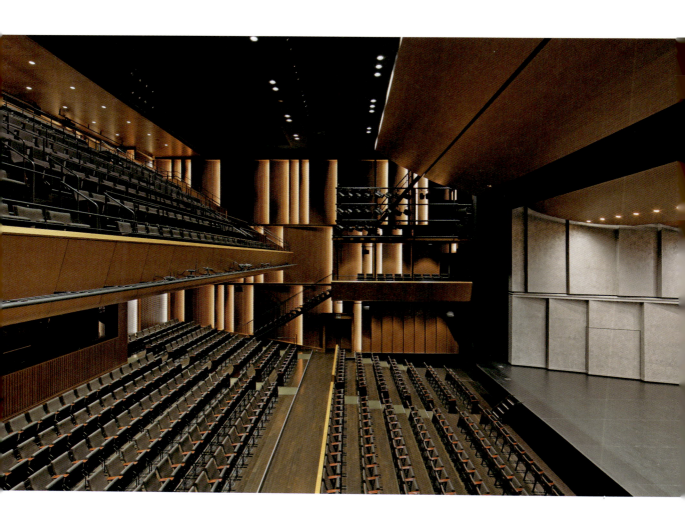

南側の旧第二ホールは改修工事を行い、最新の舞台の機能を備えた、中規模な多目的ホール「サウスホール」に生まれ変わった。1・2階席と左右のバルコニー席が舞台を囲むように配置され（p. 41）、演者との一体感を演出し、さらに取り外しや組み立てができる舞台床を採用することで、様々な舞台の設えが可能となり（p. 40）、表現スタイルの多様性を引き出した。また、ブック&カフェ、レストラン、野外スペース（中庭）、南北に通り抜けできる共通ロビーなど、通りからも見える様々な公共空間を創出することで、街に賑わいを生み、開かれた施設となっている。

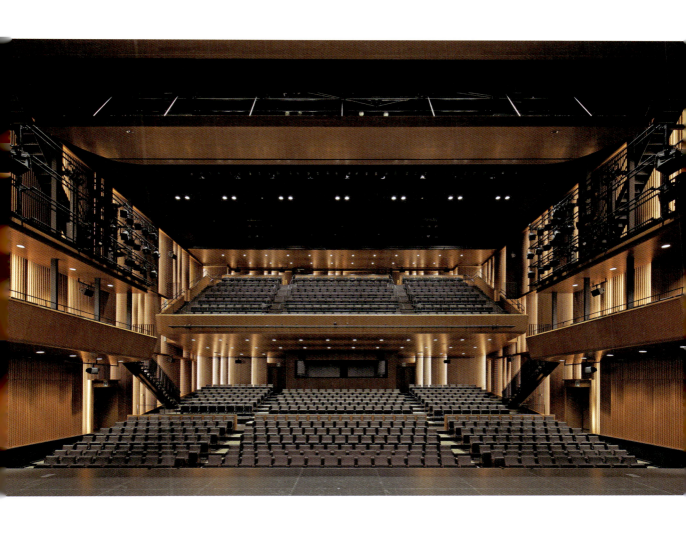

日生劇場

- 所在地：東京都千代田区　■施主：日本生命　■設計：村野藤吾
- 竣工：1963年　■改修：2016年　■席数：1,334

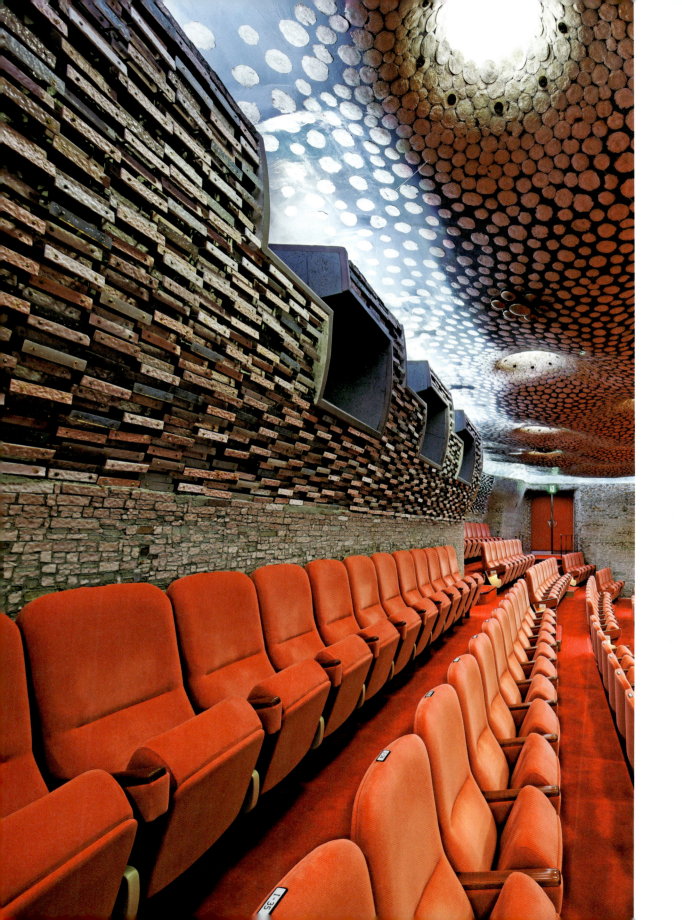

村野藤吾の設計で1963年に竣工した日本生命日比谷ビルの中にある劇場。同年、ベルリン・ドイツ・オペラによる「フィデリオ」で開場した。万成石を使った重厚な外観に対し、素通しガラスで囲まれた1階には開放感が漂う。ピロティから劇場客席に上る大階段と螺旋階段には赤い絨毯が敷かれ、大理石の細片を貼った白い壁面と相まって、特別な時間の始まりを演出している。劇場の中は壁も天井も全て曲面で構成されており、色とりどりのガラスタイルを組み合わせた壁面と、着色した石膏に2万枚ともいわれるアコヤ貝を貼った天井が、幻想的な雰囲気を生み出している。2015–16年の改修は「変えないリニューアル」がコンセプト。丸みを帯びたサーモンピンクの上品な客席も、パーツや素材の細かいメンテナンスで開館当時の輝きを取り戻した。

国立劇場

- ■所在地：東京都千代田区　■施主：独立行政法人日本芸術文化振興会　■設計：岩本博行ほか（竹中工務店）
- ■竣工：1966年　■改修：2009年　■席数：大劇場＝1,610

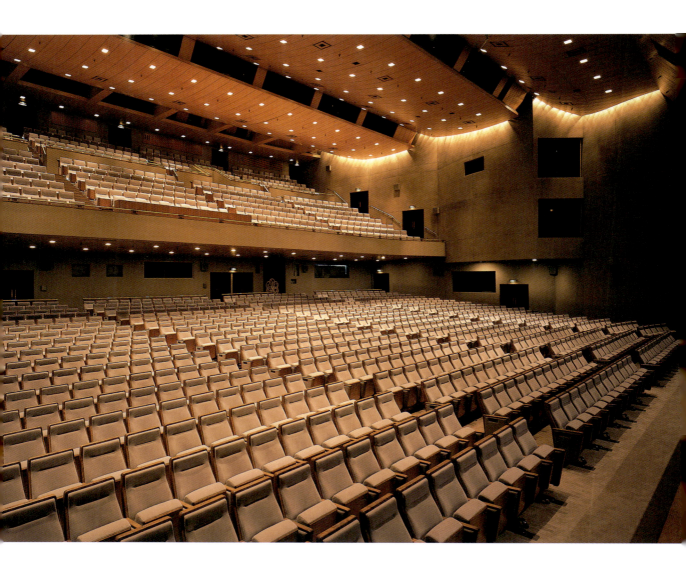

伝統芸能の上演、伝承者の養成、調査研究の3つを目的とする国立の施設として、皇居の西側に開場。設計は建設省初の公開コンペで選ばれた岩本博行率いる竹中工務店によるもので、暗褐色のコンクリートで日本古来の校倉造りを模し、和の風情を創り出した。主に歌舞伎を行う大劇場には、直径約20mの廻り舞台と大小合わせて17基の迫りを備え、奈落は大道具がすっぽり隠れる深さがある。格調高い空間に調和した重厚なイスは、背裏にも布地を張り、音声をクリアに聞き取れるよう工夫がなされている。

国立能楽堂

■所在地：東京都渋谷区　■施主：独立行政法人日本芸術文化振興会　■設計：大江宏建築事務所
■竣工：1983年　改修：2005年　■席数：627

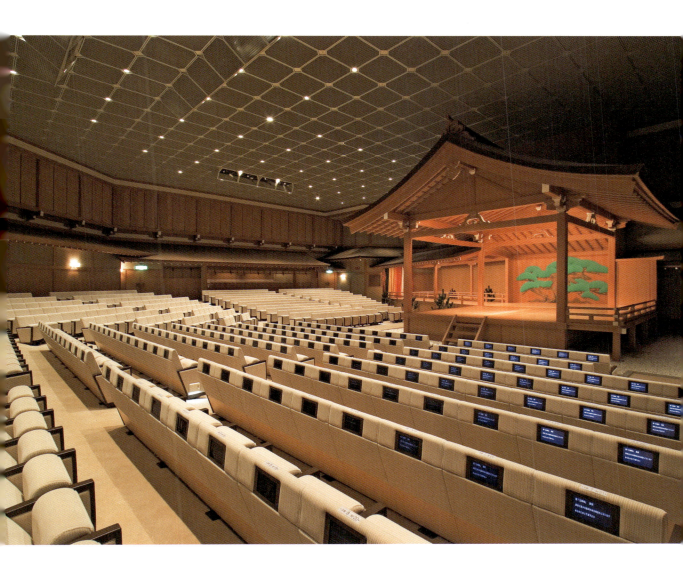

独自の舞台を必要とする能楽（能・狂言）を保存するため、国立劇場のひとつとして1983年に誕生。檜皮葺きを金属板で表現した建物は、建築家大江宏の建築史観を反映し、伝統的な優雅さと新しい建築技術が見事に融合する。尾州檜の香り立つ舞台は、昔の舞台に立ち返ることから、橋掛リの長さと角度が決定された。能楽は2008年にユネスコの無形文化遺産に登録され、外国からの来館者も多い。客席の背に小型液晶画面を設置し、日本語・英語（公演によっては多言語）で能の詞章や解説を表示し、能楽鑑賞をサポートしている。

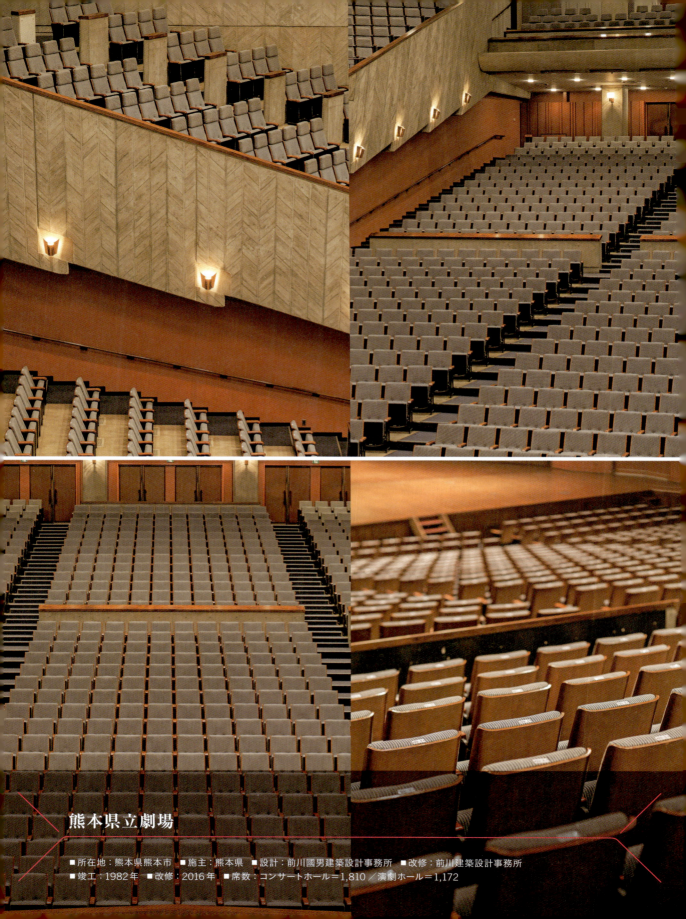

熊本県立劇場

■ 所在地：熊本県熊本市　■ 施主：熊本県　■ 設計：前川國男建築設計事務所　■ 改修：前川建築設計事務所
■ 竣工：1982年　■ 改修：2016年　■ 席数：コンサートホール＝1,810／演劇ホール＝1,172

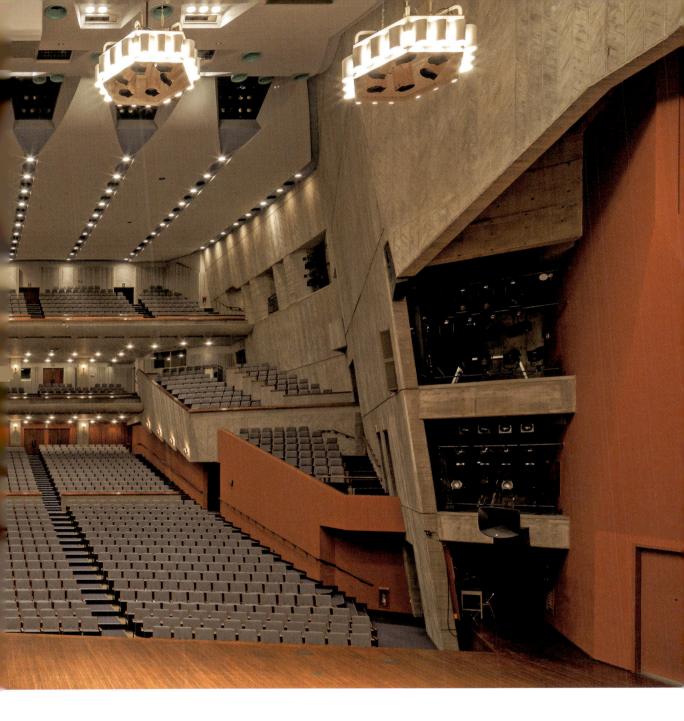

　JR熊本駅から5キロほど離れた文教地区に、東京文化会館を手がけた前川國男の設計で1982年にオープン。2つの専用ホールを備えた大型施設ながら、外壁の淡い紅色と低層のつくりによって、穏やかに周辺環境と馴染んでいる。1,800人収容のコンサートホール（pp. 48-51）は、クラシック音楽専用。音を最高の状態で聴衆に届けるために、空調など音を発する機器を全て地下収納して雑音防止を徹底し、2秒という長い残響時間も保持する。ホールの内壁の角度も、デザイン性をもたせながら、音の反響を綿密に計算して設計されている。

　前川のオリジナルデザインによる客席は、膨らみをもたせた背板、柔らかくでつかみやすい肘当てなど、シンプルで安心感のある形状。脚部と座の接部構造は今日の劇場イスのスタンダードとなった。張地のS字模様も、江戸時代の文様「吉原つなぎ」を参考に前川が考案。この模様は、施設の敷地（p. 49）からエントランスを経てロビー、ホワイエまで続く床タイル（p. 53）などにも採用されており、建物の内と外とを有機的につないでいる。

演劇ホール（p.52）は舞台芸術専用で、1,172席を3層に配した豊かな空間。1階席を後ろから囲むように2階席を設け、3階席では床の段差を大きくし後部席の視界を確保している。客席と舞台の距離を極力近づけ、最後列からでも演者の表情が見える。2016年4月には熊本地震の被害を受け休館されたが、4か月後に開館。現在は音楽や演劇を通じて県民の心の復興事業に寄与している。

サントリーホール

- 所在地：東京都港区　■施主：サントリーホールディングス　■設計：安井建築設計事務所、入江三宅設計事務所
- 竣工：1986年　■改修：2017年　■席数：大ホール＝2,006

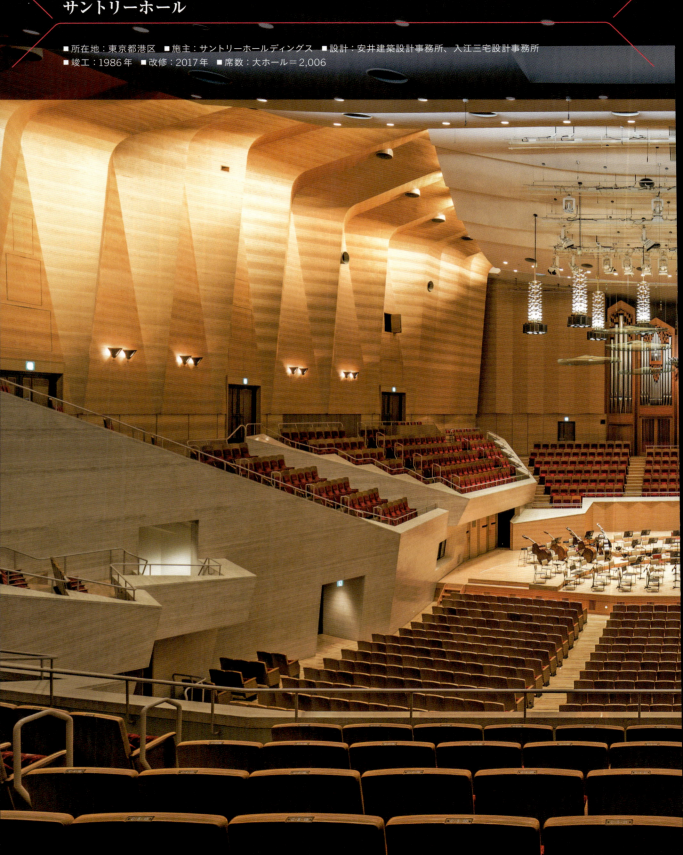

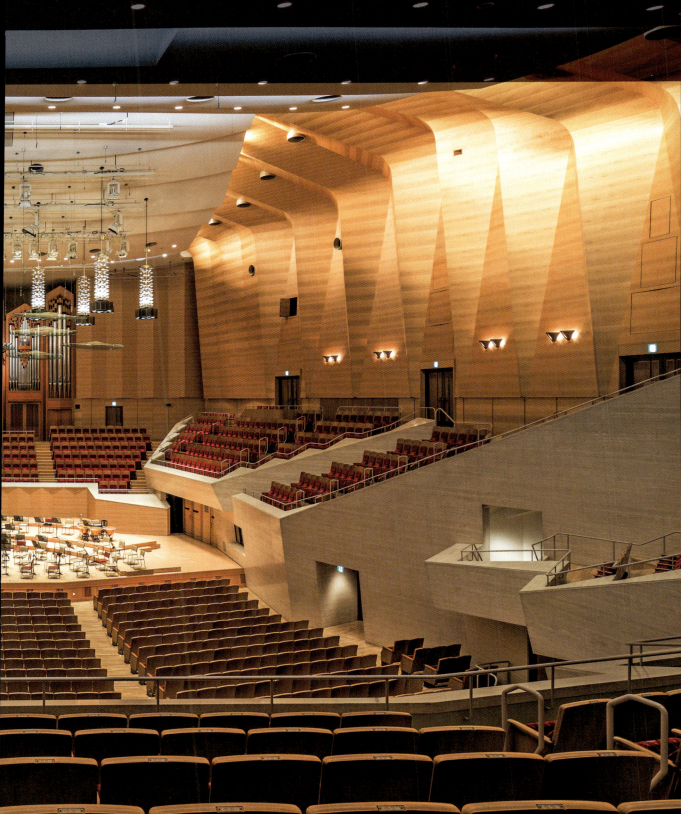

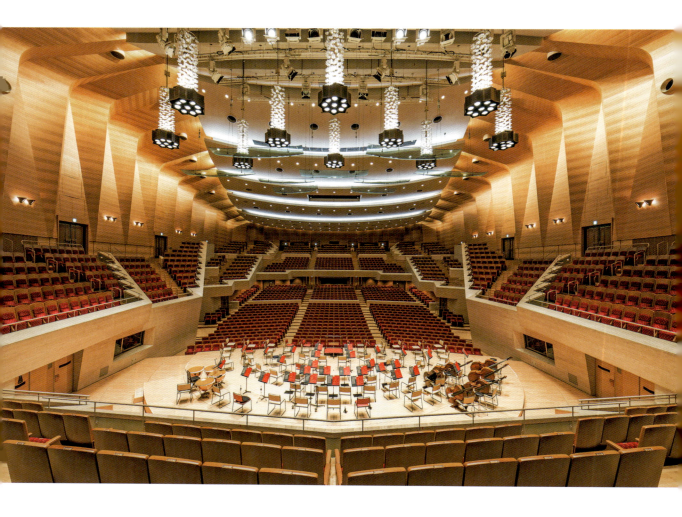

東京で最初のコンサート専用ホールとして開館。舞台を囲んで客席を配置するヴィンヤード式を日本で初めて採用し、正面に世界最大級のパイプオルガンを設置して、世界一の美しい響きと、演奏家と聴衆が一体となる感動的な音楽体験の実現を目指した。また、ホワイエでは飲み物を提供し、開演前と幕間の時間を社交の場にするなど、日本のクラシック文化の醸成に寄与してきた。背板に厚みのある客席は、ホールの命である音響空間を創出するため、竣工時に特注したもので、木材や布張りの仕上げを変えて音響試験を徹底し、ベストの音響性能を追求した。開館後5年ごとに改修を行い、2017年には30周年を機に全館改修・増築棟工事を実施。舞台の張替え、段差のないアプローチの新設、客席照明・舞台シャンデリアのLED化などが行われた。

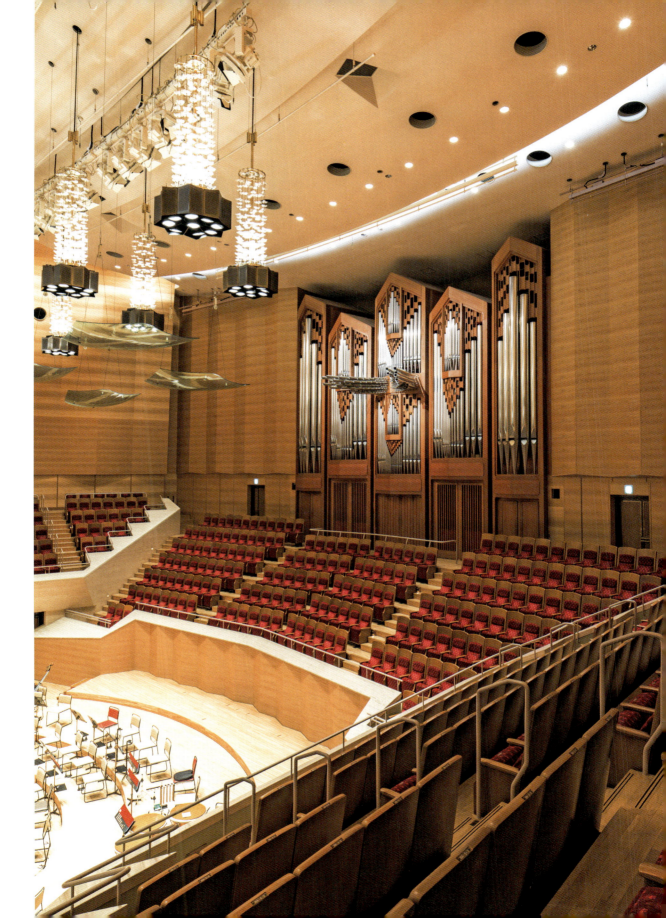

オーチャードホール

- 所在地：東京都渋谷区　■施主：東急
- 設計：石本、東急設計コンサルタント、MIDI総合設計研究所、ヴィルモット・ジャポン共同企業体
- 竣工：1989年　■改修：2011年　■席数：2,150

日本初の大型複合文化施設として誕生したBunkamuraの中心を成すコンサートホールで、施設内には演劇シアターや美術館、映画館を併設。「オーチャード」は果樹園の意味で、豊穣を表す赤がホールのテーマカラー。日本で初めてシューボックス型を採用した国内最大規模のホールで、約20mの高い天井と垂直の大きな側壁に音が繰り返し反射して、まさに豊穣な音場が生み出される。ステージに設置された三重構造の可動式音響シェルターを移動させることで、クラシックだけでなく、オペラ、バレエ、ポピュラーコンサートなど異なるジャンルにも対応する。客席は左右から包みこむ形状で安定感があるだけでなく、高さのある背もたれの角度を1階と2階で変えることで、音の届き方が最適になるよう設計されている。

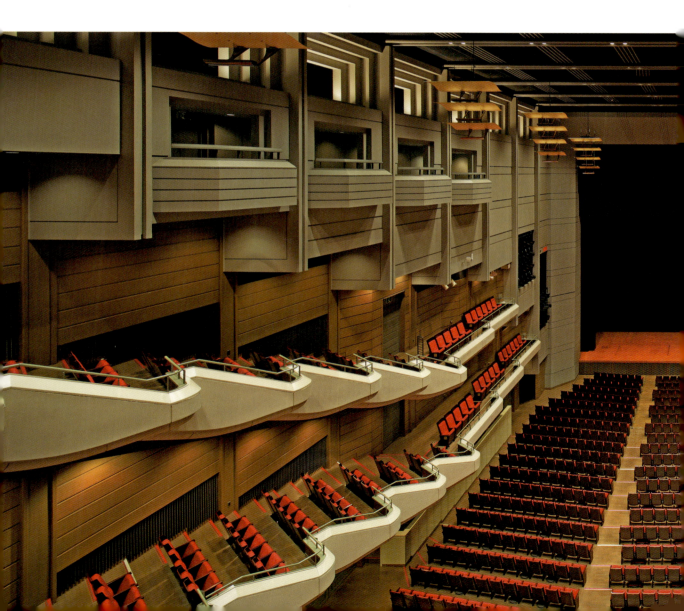

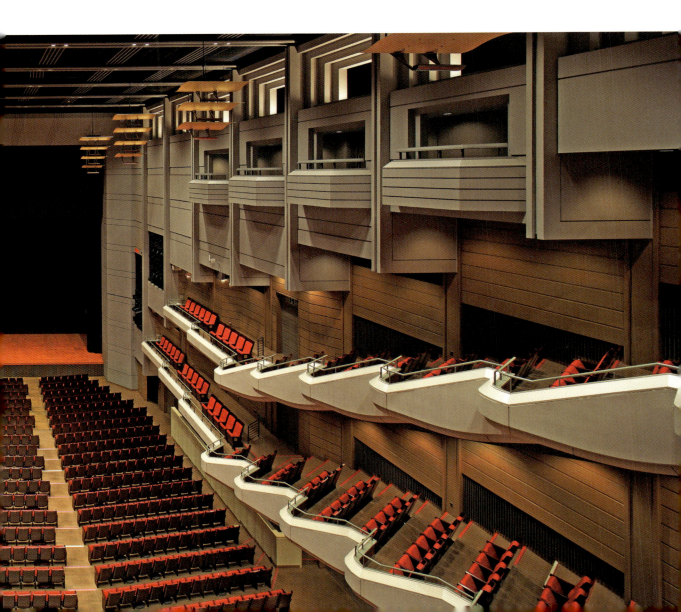

64	彩の国さいたま芸術劇場
70	東京芸術劇場
74	愛知県芸術劇場
76	浜離宮朝日ホール
78	鎌倉芸術館
82	横須賀芸術劇場
86	東京国際フォーラム
90	シンフォニア岩国 山口県民文化ホールいわくに
94	りゅーとぴあ 新潟市民芸術文化会館
98	なら100年会館
104	札幌コンサートホール Kitara
108	横浜みなとみらいホール
112	滋賀県立芸術劇場 びわ湖ホール

2

「芸術家の時代」の開花

1990–1998 竣工

彩の国さいたま芸術劇場

■所在地：埼玉県さいたま市　■施主：埼玉県　■設計：香山壽夫建築研究所
■竣工：1994年　■改修：2011年　■席数：大ホール＝776／小ホール＝346／音楽ホール＝604／映像ホール＝150

演劇、ダンス、音楽、映像など、舞台芸術のための4つの専用ホールと、大稽古場をはじめとする12の練習室群を備え、創造と鑑賞の両方の場を提供する劇場。芸術性の高い多彩なプログラムで観客を魅了し、世界最先端のコンテンポラリー・ダンスや、著名な芸術監督のもとでの前衛的な舞台上演で、全国的な注目を集めてきた。円形広場や光の通路が特徴の建築は香山壽夫の設計による。

観客と舞台、そして観客どうしの一体感を目指した大ホール

　この劇場が構想されたのは1990年代のはじめである。それは、戦後日本各都市に続々と建設されたいわゆる「多目的公共ホール」が、何の目的にも不充分な、「無目的ホール」ではないか、という反省にたって、より高度な演出に応じ得る「専門劇場」を創り出そう、という動きの始まった時期であった。この劇場はそうした新しい動きのトップバッターとなった。また私自身も、劇場設計を手がけるのは初めてのことであったので、洋の東西、そして古典から現代までの劇場について調べ、学び、研究し全力で取り組んだ、思い出深い作品である。

　彩の国さいたま芸術劇場は、4つの専門劇場の集合体で、そのなかで「大ホール」は演劇専門を指向している。舞台の大きさ、広さ、高さそしてその機構において、これまでの日本のどこにもなかった水準のものを実現することに加え、もうひとつの大きな目標は、客席に濃密な臨場感を生み出すことであった。観客と舞台が一体になり、そして観客どうしが一体となる空間の創出が、建築に求められていた。情報メディアの飛躍的発展のなかで、劇場不要論も取り沙汰されていたその頃、私は、建築空間に身を置く興奮は、何ものによっても置きかえられないことを実作において証明したいと願った。

　あるいは、これまでの日本伝来の「芝居見物」や「観劇娯楽」など、飲食を楽しみながらの遊興といった気分も、ここでは克服したいと考えた。舞台が始まれば、我を忘れて熱中し、身体をのり出して舞台と一体となり、観客全員も一体となる、そういう客席を、この劇場空間に創り出したいと思った。

　そのためには、まず、観客全員を、視距離20mの範囲に収める密実な客席の形態、そして個々の座席も、快適性を害わない限りのコンパクトな形状と配列とを追求した。また、この大ホールは演劇専門であるが、演じられるものには古典もあれば、現代もある。和ものもあれば洋ものもある。室内オペラからバレエもある。従って、劇場の内装は、演目によってそれぞれにふさわしいと見えるような、新しい「汎様式」とでもいうべきものを目指した。家具も含め、その色、細部意匠は、そうした意図から生まれたものである。

香山壽夫

大ホール（pp. 64-66）は、演劇、ミュージカル、オペラ、バレエ、ダンスなどのためのプロセニアム型のホールで、舞台の広さは国内最高レベルを誇る。そのほか、すり鉢状の客席をもち、舞台形式と客席数との関係を変化させることができる小ホール（p. 67上中）、フィルムとデジタルの映像作品が上映できる映像ホール（p. 67下）、クラシックの演奏会を主とする音楽ホール（p. 68下）があり、創造型劇場として多彩な活動を支えている。

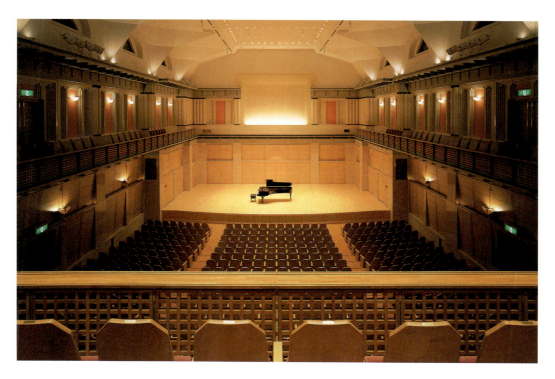

劇場の中央に位置する「ロトンダ」(p.68上)は、列柱と半透明のガラスブロックに囲まれた円形広場。大ホール、小ホール、音楽ホールの入口が広場に面している。ガラス屋根から自然光が降り注ぐ「ガレリア」(p.69)は、総合インフォメーションや事務所、稽古場、音楽ホール、小ホールの楽屋口をつなぐ幅5m、長さ100mの通路で、両側の壁は展示スペースにも利用できる。

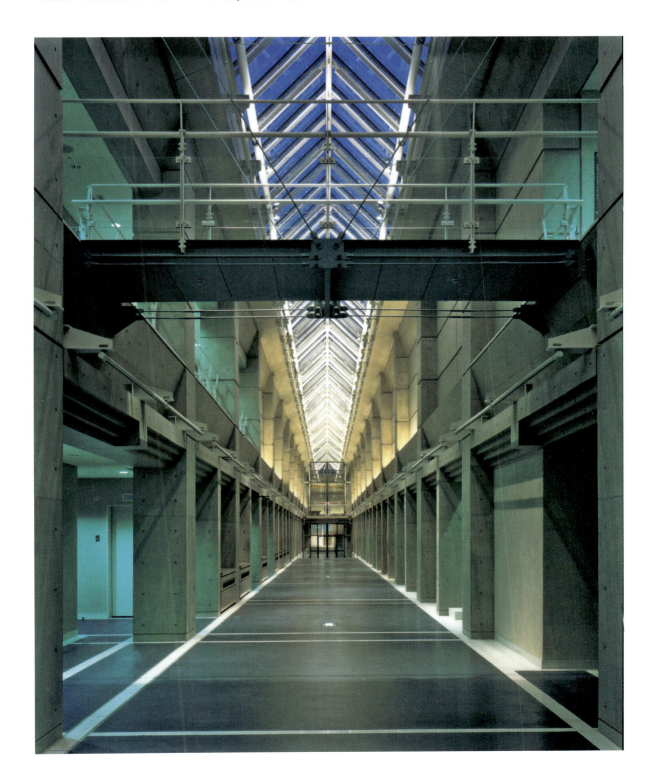

東京芸術劇場

■所在地：東京都豊島区　■施主：東京都
■設計：芦原義信　■改修：東京都財務局建築保全部施設整備第一課、松田平田設計　■設計協力：香山壽夫建築研究所
■竣工：1990年　■改修：2012年
■席数：コンサートホール＝1,999／プレイハウス＝834／シアターイースト＝286／シアターウエスト＝270

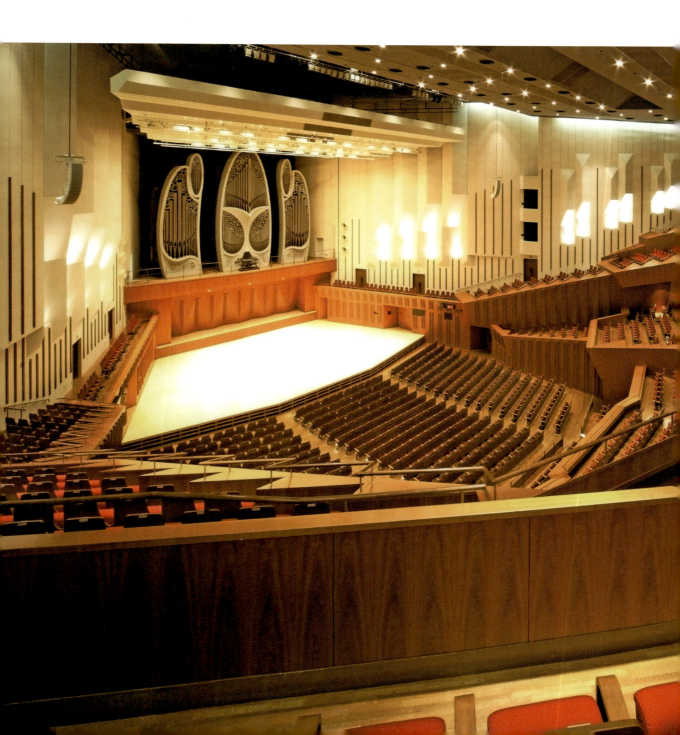

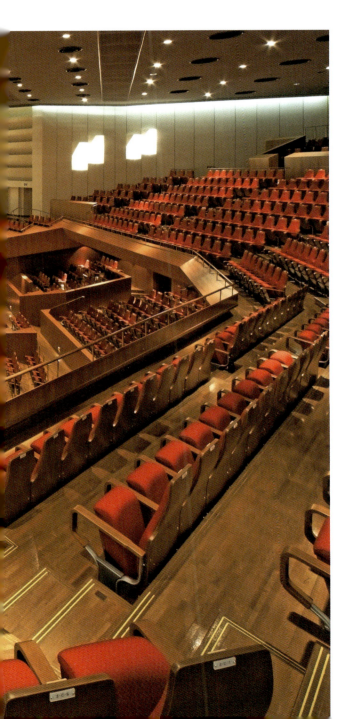

ガラス張りのアトリウムが特徴の建物は、『町並みの美学』で知られる建築家芦原義信が、外部景観との調和を目指し、前庭の区立公園とともに設計。2012年に約1年半にわたる大規模改修を経て新しく生まれ変わった。最上階のコンサートホール（pp. 70-71）は、国内最大級のパイプオルガンを備え、良質な音響で知られる。改修では、大理石の壁に木製のリブ材を取り付けてさらに豊かな音響を追求し、また舞台面を広げることで臨場感を図った。客席は厚みのある座に組み替え、肘は樹脂から木材に変更。張地の色をフロアごとに変え、グラデーションをつけることで、1階から3階席に向かって奥行と広がりを生み出している。

プロセニアム形式の「プレイハウス」(p. 72上中)は、主に演劇、ミュージカルやダンスなどに適し、60人規模のオーケストラピットも設置できる。客席は「雅」をテーマに、見る角度によって色が変化する張地を用い、華やかさを演出している。250席規模の「シアターイースト」と「シアターウエスト」(p. 72下)は、可動床で自由な舞台表現が可能な多目的空間。客席の張地に、それぞれオレンジ系、紫系の糸目を使ったダークカラーの無地調を採用することで、趣向の異なる演出が引き立つよう配慮されている。

愛知県芸術劇場

- ■所在地：愛知県名古屋市　■施主：愛知県　■設計：A&T建築研究所
- ■竣工：1992年　■改修：2019年　■席数：大ホール＝2,480

愛知県芸術劇場は、美術館、文化情報センターとともに愛知芸術文化センターの中心施設として1992年に開場したホール群。演目に合わせ専用化された3つのホールから成る。5階席まである大ホールは2,480人を収容。大迫りをもつ主舞台のほか、同面積の後舞台、側舞台を備えた、日本初の多面舞台劇場で、本格的なオペラやバレエが上演できる。3層のバルコニー席が1・2階席を馬蹄形に囲むスタイルは、ヨーロッパのオペラ劇場を連想させる。2018年より改修工事を行い、2019年4月にリニューアルオープン。改修では、1階正面席の一部を千鳥配置にし、また1・2階席の行き来ができるよう、2階席最前列両脇の席を一部撤去した。

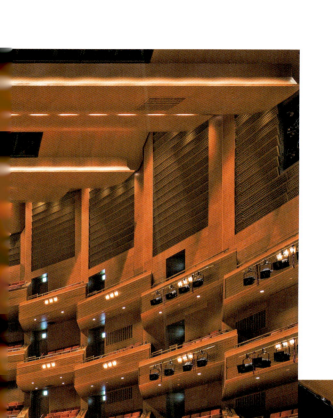

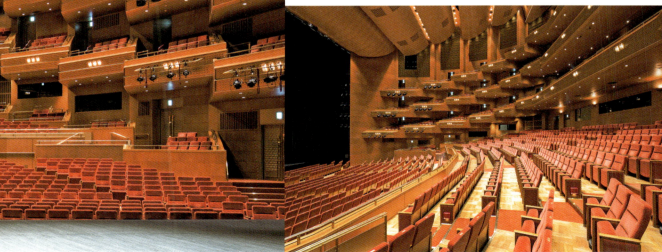

浜離宮朝日ホール

■所在地：東京都中央区　■施主：朝日新聞社　■設計：竹中工務店
■竣工：1992年　■席数：音楽ホール＝552

東京築地の朝日新聞東京本社ビル内に、1992年室内楽専用のホールとして誕生。音楽評論家の吉田秀和が「幻想をそそる」と称賛したホール名は、隣接する浜離宮庭園に由来がある。響きのよい縦長のシューボックス型ホールに552の客席を配置した室内は、残響時間1.7秒。設計を担当した竹中工務店が、ウィーンの楽友協会の小ホール（1812年設立）を参考に、楽器の繊細な音を最大限にいかす音響をめざして工夫を重ね、その結果世界の名だたるホールに比肩する評価を得ている。大理石を使った純白の壁と広い階段の先に広がるホワイエのゆったりとした空間もホールの特徴。赤味のある木質の内装に調和した客席は、建設時に十数種の試作品を持ち込み、映画「ローマの休日」を観ながら座り心地を実験したエピソードをもつ特注品。背板・座裏・脚部に至るまで新型を起こして成形し、張地の仕様も吸音性試験を経て、背裏パッド、座裏も張包みに決定された。

鎌倉芸術館

■所在地：神奈川県鎌倉市　■施主：鎌倉市　■設計：石本建築事務所
■竣工：1993年　■改修：2017年　■席数：大ホール＝1,500

市民のための総合文化施設として鎌倉市によって計画され、1993年に開館。大小2つのホールと3つのギャラリーを備え、多様な芸術活動を支えている。縞模様が木々の緑に映える外観と、白川砂利の道と竹林が美しい内庭を取り入れた館内が、古都鎌倉にふさわしい落ちついた雰囲気を醸し出す。多目的に活用できる大ホール（pp. 78–80）は、基本となるシューボックス型を前後でやや幅をすぼめた形にすることで、コンサート専用ホールにも匹敵する豊かで明瞭な音の響きを実現している。

開館から四半世紀を経て老朽化が進み、2017年に大規模な改修工事を実施。大ホールのイスは黄色の地に青や緑、淡い珊瑚色の糸を織り込んだ玉虫色のテキスタイルに張替えられた。木部はダークトーンに再塗装され、傾斜が急な3階席では、同色で「手掛け棒」（p. 80左下）を設置し、多様な人々の鑑賞をサポートしている。

横須賀芸術劇場

■所在地：神奈川県横須賀市　■施主：横須賀市　■設計：丹下都市建築設計
■竣工：1994 年　■席数：大劇場＝1,806 ／小劇場＝574

黒船来航の地、横須賀市には、現在もアメリカ海軍基地があり、街の随所に日米2つの文化が融合する独自の雰囲気が漂う。1994年、戦後日本ジャズ発祥の地「EMクラブ（米海軍兵員クラブ）」の跡地に、丹下健三の設計による国内有数のオペラハウスとして開館。以来、四半世紀にわたり、ヨコスカジャズドリームスなどをはじめ、地域に根ざした芸術文化の発信拠点の役割を果たしてきた。大劇場「よこすか芸術劇場」(pp. 82-84)は、オペラ、バレエ、コンサートなど大規模な舞台公演に対応。竣工当時、日本では4層からなる馬蹄形のバルコニー席をもつオペラハウスは珍しく、ヨーロッパの劇場を彷彿させ話題となった。客席は、座り心地を重視した標準的な製品を採用しつつ、間口を広くしバルコニー席を雁行配置にするなど、長時間の鑑賞と視野の確保に配慮している。

「ヨコスカ・ベイサイド・ポケット」の愛称をもつ小劇場（p. 85）は、可動式ステージ、移動観覧席、スタッキングチェア、2階固定観覧席の設備を組み合わせることで、演目や演出に合わせて、プロセニウム・アリーナ・平土間など様々な舞台仕様に変化できる。移動観覧席のイスも、離席時に自動で座が跳ね上がり収納する機構付きで、スムーズな離着席が可能に。2017年の改修工事では、横須賀の海を思わせるマリンブルーの布地を受け継ぎつつ、背の上部と座の先端にナンバープレートを設置して座席を見つけやすくするなど、利便性の向上を図った。

東京国際フォーラム

■所在地：東京都千代田区　■施主：東京都　■設計：ラファエル・ヴィニオリ建築士事務所
■竣工：1996年　■改修：2013年　■席数：ホールＡ＝5,012

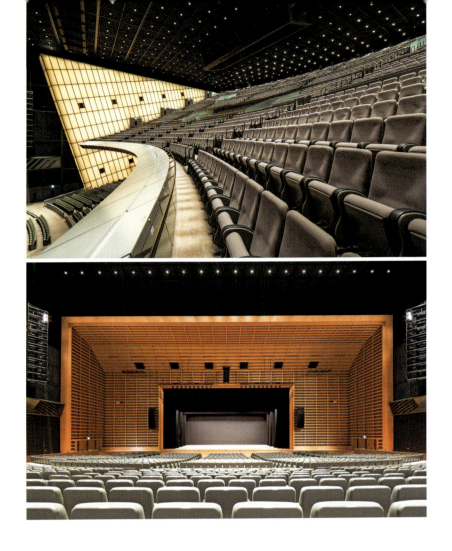

世界有数のビジネス街と商業エリアが集積する「東京の中心」に、7つのホール、会議室、レストラン、美術館などからなる総合文化施設として1997年にオープン。恐竜の骨や船底を連想させる巨大なガラスホール屋根が特徴の建物は、アメリカの建築家ラファエル・ヴィニオリの設計。ダイナミックな外観の一方で、細部にまで丁寧にデザインされ、地震の横揺れにも配慮されている。5,000人を収容するホールAは、コンサートから国際会議まで、幅広い分野でスケールの大きな催事を実現。高度な音響設備、舞台機構を採用し、音楽・舞台イベントに臨場感を創出している。16か国語同時通訳システムを完備し、日本を代表する国際コンベンションセンターの役割も果たしている。設計者によるラフスケッチをもとに、メモ台を肘に内蔵したイスを採用。張地は、繊細な織りで日本的な色のニュアンスを表現した特注品。

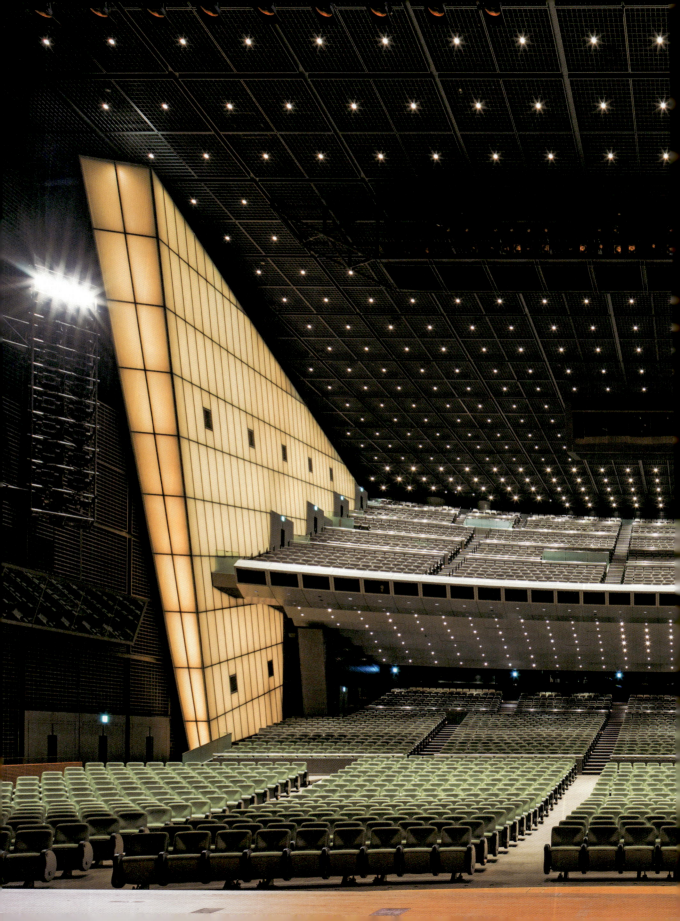

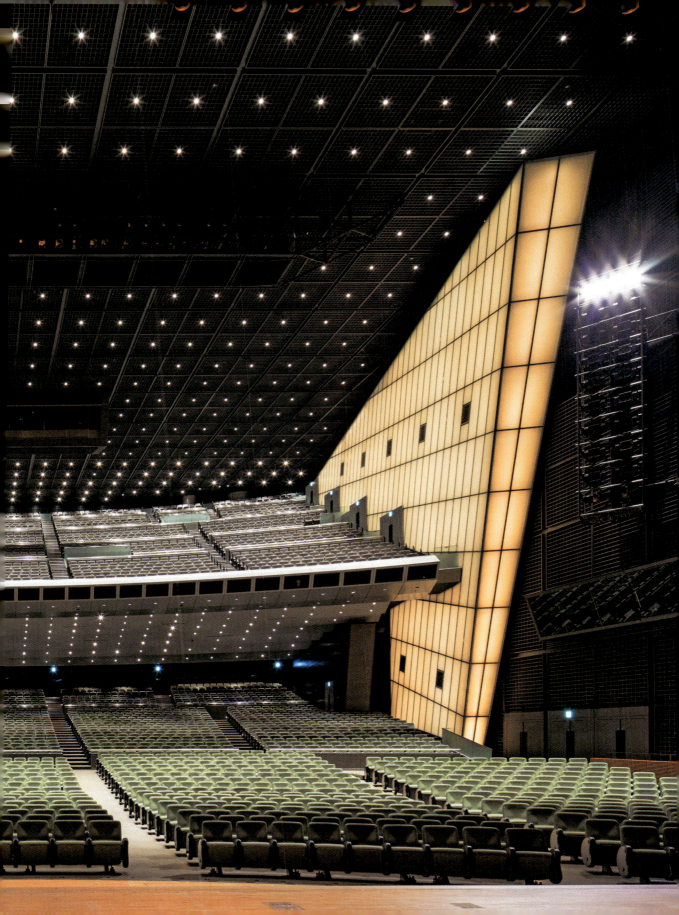

シンフォニア岩国 山口県民文化ホールいわくに

■所在地：山口県岩国市　■施主：山口県　■設計：大谷研究室
■竣工：1996年　■席数：コンサートホール＝1,205／多目的ホール＝374

山口県岩国総合庁舎との複合施設として1996年にオープンし、以来20年以上にわたり山口県東部の文化的拠点の役割を担ってきた。2つのホールとギャラリー、リハーサル室、会議室などが入る建物は、国立京都国際会館などで知られる建築家、大谷幸夫のモダニズムを継承している。とくに、隣接するJR山陽本線と米軍岩国基地からの振動・騒音の影響を避けるため、屋根や外壁に防振構造を採用するなど、当時の最新技術が駆使されている。中心となるコンサートホール（pp. 90-91）は、充実した舞台設備と明瞭な音響で西日本有数の音楽専用ホールのひとつ。国際的な会議や講演会にも対応している。また、多目的ホール（p. 92）は、小規模ながら様々な利用形態を想定した可動舞台と床収納のイスをいち早く取り入れた。

りゅーとぴあ 新潟市民芸術文化会館

- 所在地：新潟県新潟市　■ 施主：新潟市　■ 設計：長谷川逸子・建築計画工房
- 竣工：1998年　■ 席数：コンサートホール＝1,884

1998年にオープンした芸術文化施設で、コンサートホール、劇場、能楽堂の3つのホールをもつ。女性建築家、長谷川逸子が「林の中の浮島」をイメージして設計した建物は、透明度の高いガラスが樹木のような柱に支えられた外観と、緑化された空中庭園が特徴で、隣接する白山公園や信濃川と調和しながら一つのランドスケープを形成している。1,884人収容のコンサートホールは、客席が舞台を360度囲むアリーナ型で、曲面で構成された壁と天井が生み出す良質の音響で知られ、東京交響楽団が年6回の定期演奏会を行っている。客席は張地にジャガード織を使った特注品。座裏に吸音調整機構（ルーバー）を内蔵し、リハーサルと満席の本番で響きが変わらないよう、ヤマハの監修で何十回もの音響実験を経て完成に至った。

なら100年会館

- 所在地：奈良県奈良市　■施主：奈良市　■設計：磯崎新アトリエ
- 竣工：1998年　■席数：大ホール＝2,381／中ホール＝434

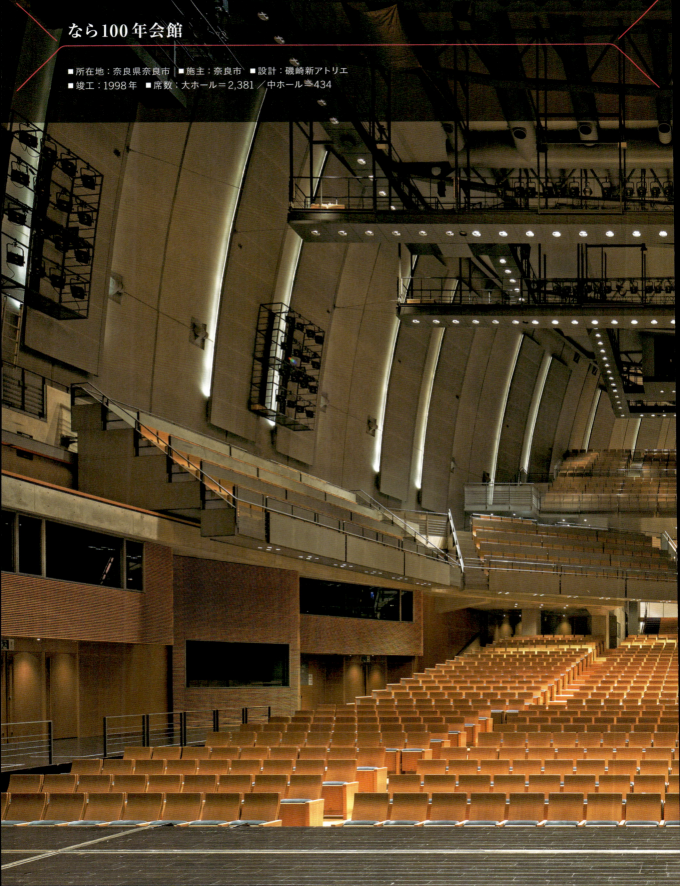

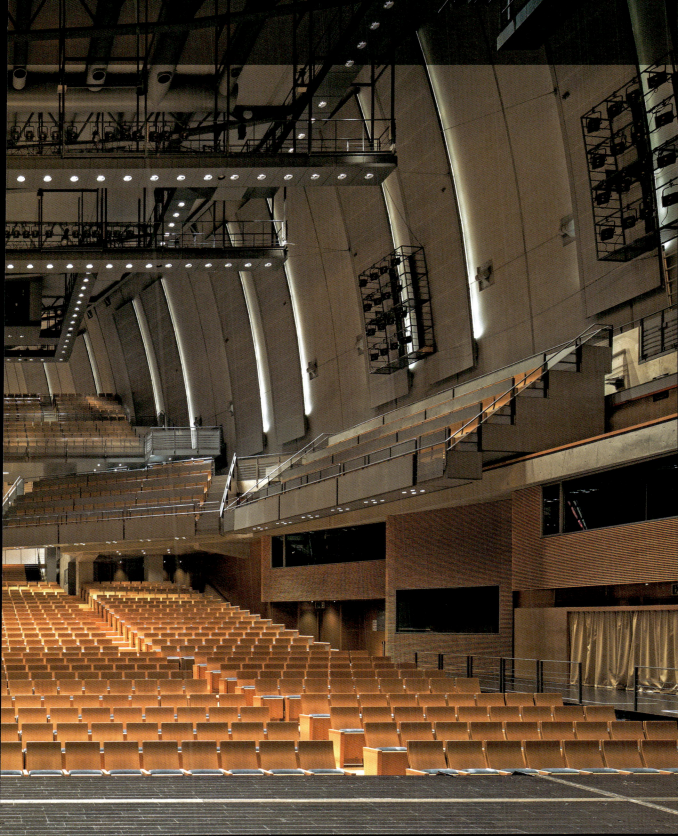

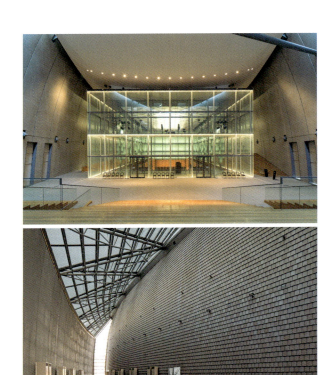

1998年に奈良市制100周年を記念してJR奈良駅前に建設された多目的ホール。世界的建築家の磯崎新が"文化の船"をイメージして設計し、曲線的な外壁は、240枚のPCパネルを建築エンジニア川口衞の考案によるパンタドーム工法で形成し、表面に瓦を敷き詰めている。奈良県最大収容規模を誇る大ホール（pp. 98–101）は、コンサートや国際会議、学会などに適した劇場。質の高い音響を誇る全面ガラス張りの中ホール（p. 102）は、変化する照明色がガラス壁に映え、演目に合わせた雰囲気を演出する。大ホールの背板を見せたシンプルなイス（p. 100）とは対照的に、背裏にも布張りのパッドを施した客席は、音の反響を考慮してデザインされた。

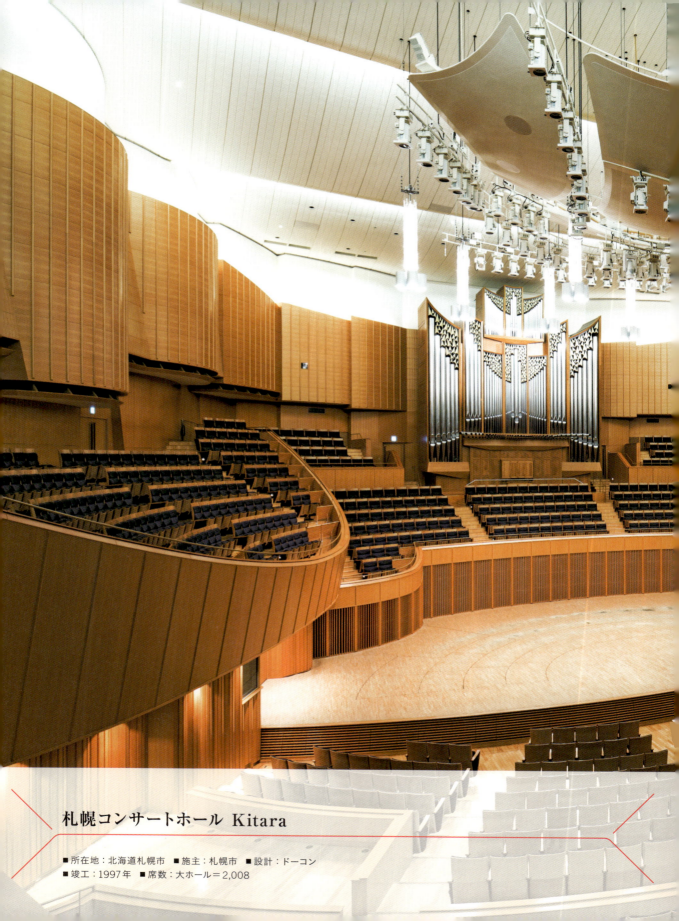

札幌コンサートホール Kitara

■所在地：北海道札幌市　■施主：札幌市　■設計：ドーコン
■竣工：1997年　■席数：大ホール＝2,008

　菖蒲池や歴史的建造物を擁する名勝、中島公園の広大な敷地に開館。大小2つのホールとリハーサル室を併設し、札幌交響楽団の本拠地としても知られる。音楽神アポロンが奏でるキターラ（竪琴）と北海道の「北」をかけた愛称には、北海道初の音楽専用ホールへの期待が込められた。館内は、ガラス壁面に安田侃の大理石の彫刻《相響》が映える広いエントランスをはじめ、大ホールのホワイエ（p. 107）にはオペラ階段を配した吹き抜け空間があり、カフェ、クローク、化粧室など観客が快適に過ごすための設備も充実している。2,000人収容の大ホールは、音響的にも視覚的にも演奏者と聴衆が一体となった音楽体験を意図し、舞台を客席が囲むヴィンヤード型が採用された。

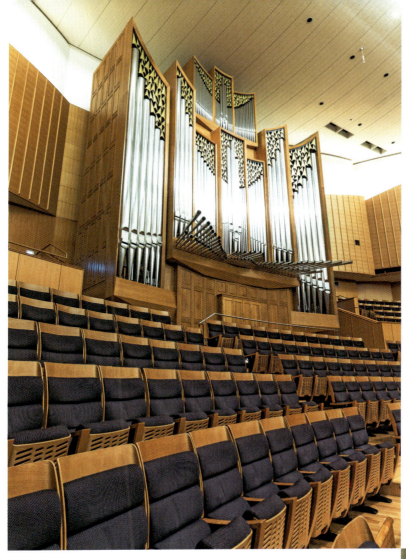

大ホールの正面を飾るパイプオルガンは、北海道の針葉樹林をモチーフにした特注品で、フランスのアルフレッド・ケルン社が2年かけて製作したもの。客席は、肘当てや背板に、現在では入手が難しい北海道産のマカバ材を使った贅沢な仕様で、背もたれのクッションを3段にし、背板に「曲げ」を施すなど、木のぬくもりが観客を包み込むようデザインされている。

横浜みなとみらいホール

- ■所在地：神奈川県横浜市　■設計：日建設計
- ■竣工：1998年　■席数：大ホール＝2,020

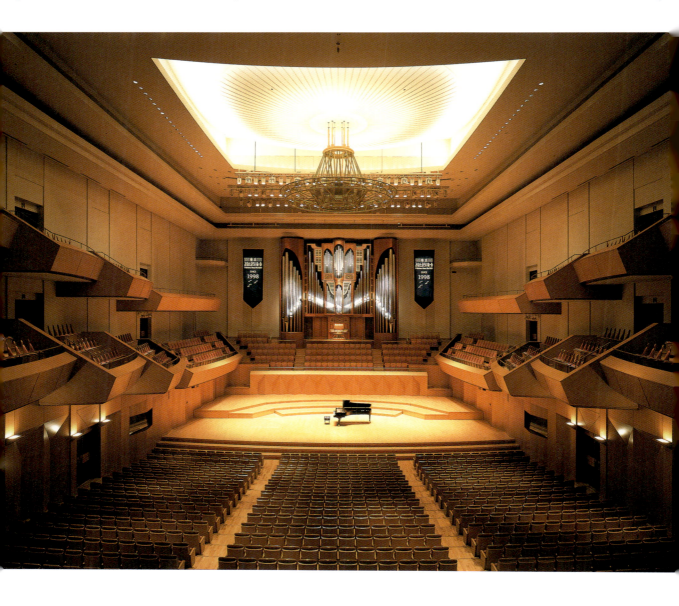

「みなとみらい21地区」の文化ゾーンの中心をなすクラシック音楽専用のホールで、世界第1級の音響性能を目指して1998年に開館した。美しい夜景が自慢の「港の見えるホール」として、横浜の人気観光スポットにもなっている。大ホールは、シューボックス型をベースに、舞台が見やすいアリーナ型の客席配置を採用。舞台最前部から3階席最後部までわずか33.5mと、2,000人規模のホールでありながら、演奏者を間近に感じられる空間が特徴。舞台正面に設置された、4,623本のパイプをもつ国内最大規模のオルガンは、「光」を意味する"ルーシー"の愛称とケースに施されたカモメの彫刻で親しまれている。

客席は、コンサートホールとしては初めてのケースとなる空調イスを採用。背の部分は、形状の異なる2枚の成形合板を組み合わせて空調スペースを確保しつつ、極力厚く見えない工夫を凝らし、背板や肘当ての先端には丸みをもたせて、多様な客層に配慮している。

滋賀県立芸術劇場 びわ湖ホール

- ■所在地：滋賀県大津市　■施主：滋賀県　■設計：佐藤総合計画
- ■竣工：1998年　■席数：大ホール＝1,848／中ホール＝804／小ホール＝323

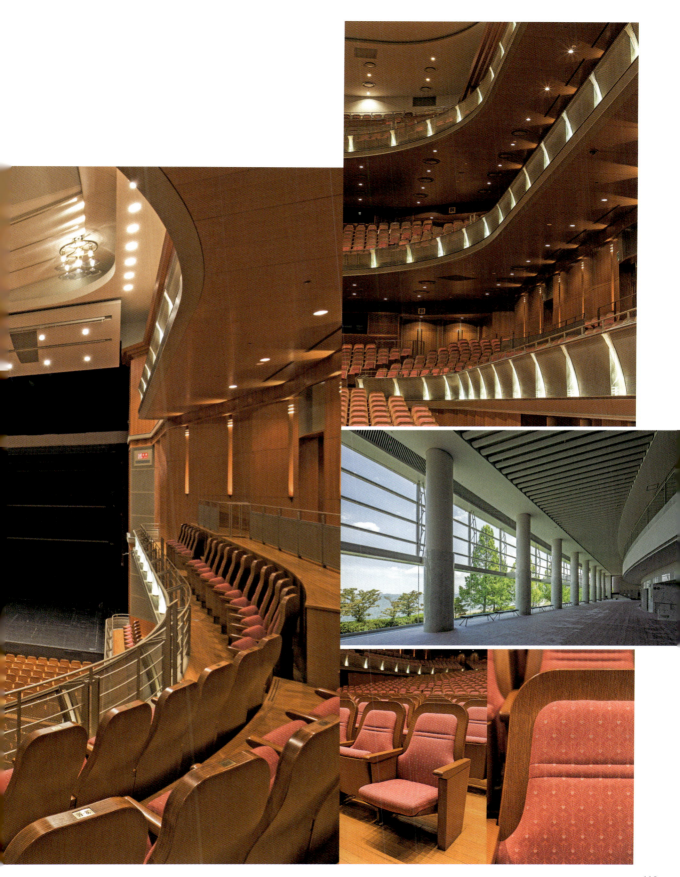

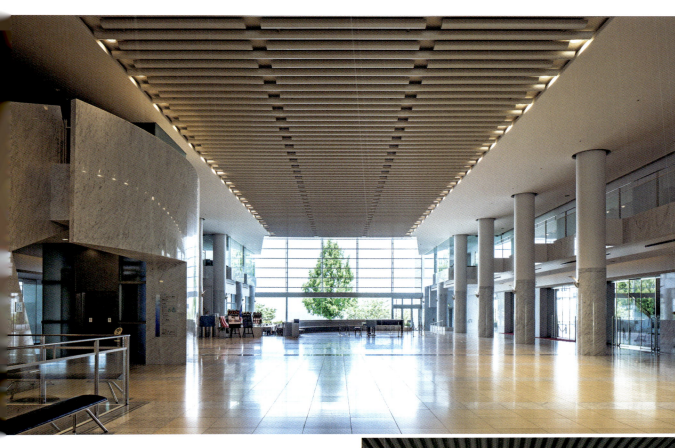

3つのホールをもつ文化施設として、1998年に開館。隣接する都市公園と一体化した建物の設計は、大津市庁舎も手がけた佐藤総合計画によるもので、湖畔に続く散策路や屋上庭園は市民の憩いの場となっている。館内に入ると湖を借景にしたホワイエが来訪者を迎える。国内有数の4面舞台をもつ大ホール（pp. 112–15）は、奥と左右にある同サイズの舞台を使って多彩な演出と舞台転換が可能。重厚感のある客席は音響を考えた特注仕様で、張地の柄は県花のシャクナゲをデザインしたもの。内装全体が暗色調で統一された中ホール（p. 116上）と、総木質に客席のエメラルドグリーンが映える小ホール（p. 116下）を付帯し、最新設備と臨場感を追求した異なる空間で、多様なジャンルに対応している。

120	可児市文化創造センター ala
126	茅野市民館
132	石川県立音楽堂
136	北九州市ウェルとばた
140	国立劇場おきなわ
142	北九州芸術劇場
146	ミューザ川崎シンフォニーホール
150	まつもと市民芸術館
154	酒田市民会館「希望ホール」
156	高松市文化芸術ホール （サンポートホール高松）
158	兵庫県立芸術文化センター
162	都城市総合文化ホールMJ
166	三原市芸術文化センター「ポポロ」
168	大船渡市民文化会館・市立図書館 「リアスホール」
172	渋谷区文化総合センター大和田
176	大阪新歌舞伎座
180	島根県芸術文化センター「グラントワ」

3

「観客の時代」の始まり

2000-2010 竣工

可児市文化創造センター ala

■所在地：岐阜県可児市　■施主：可児市　■設計：香山壽夫建築研究所
■竣工：2002年　■席数：主劇場＝1,019

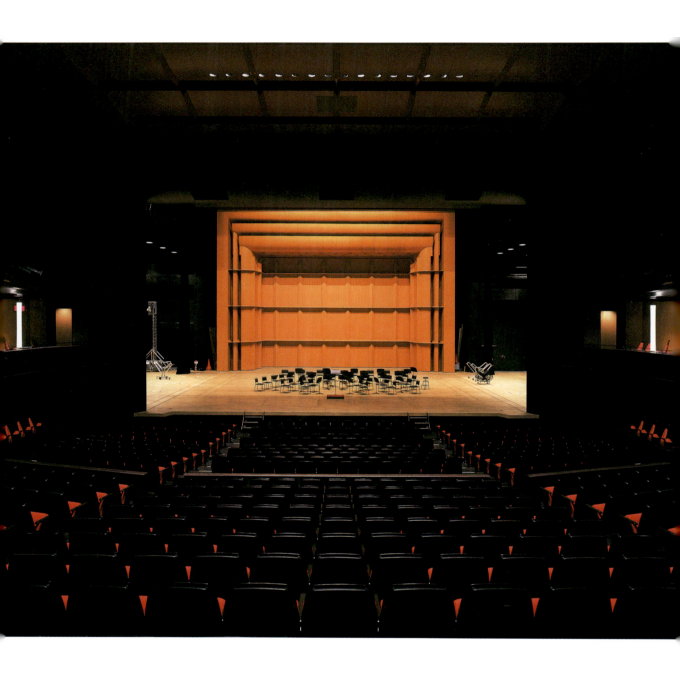

大小2つのホールのほか、映像シアターや練習室、ギャラリーなどを擁する公立の大規模施設として誕生。基本構想、設計、開館後の3段階で市民参加型のワークショップを開催して、ユーザーとしての市民の意見を取り入れ、運営にも主体的に関われるよう計画された。設計は日本を代表する劇場建築家の香山壽夫によるもので、翼のように軽やかな「大屋根」のもとに、市民の多様な要望を実現した様々な活動の場を統合した。主劇場「宇宙（そら）のホール」は様々な表現形態に対応した多機能ホール。舞台前面から客席後方までを約23mに収めることで、鑑賞しやすい空間を創出している。客席の連結イスは、通常見せない構造体やビスを露出することで、建築の一部として表現しつつ、スエード調の真紅の張地を使い、背に吹き出しを設けた空調機能を搭載することで、視覚的なインパクトと高級感が強調されている。

まちづくりの拠点施設としての包摂型劇場経営
人口急増を追い風として「つながり」のある街へ

2018年4月から2019年の3月までの1年足らずで、可児市の人口は101,292人から937人増加し、102,229人となった。地方都市の人口減少が社会問題となる昨今では、ほとんど奇跡的な伸びといえる。ここ数年、宅地造成が盛んに行われ、時を経ずして住宅建設も着工となり、通学退校時の子供たちの声が賑やかになってきたと感じてはいたが、実際にこの数字を見て驚いた。可児市の人口統計を調べたのは、2018年12月に市長から「alaをまちづくりの中心にしたい」との意向を聞いたのがきっかけである。2008年のリーマンショックにより、市在住の日系ブラジル人のおよそ2,000人が帰国したため、可児市の人口は一時98,000人台に減少していたが、10年で10万人を超えたことになる。

　人口増加の背景には、周辺の中山間地域に住む小さい子供をもつ若い夫婦や、フィリピン系家族の移住による流入があり、またブラジル系の在留外国人は、永住のための住宅建設を始めている。可児市には、所得制限なしに中学生までの医療費無料の制度があり、待機児童なしの子育て環境および生活環境への手厚いセーフティネットの整備がある。同時に、「可児市文化創造センターala」が日本を代表する公立劇場として認知され、世界水準の舞台芸術と年間460回を超える社会包摂型地域プログラムを実施していることも無縁ではない。当館では、近年の格差社会で進行している「つながりの貧困」と「自己肯定感の貧困」を回避するプロジェクト「alaまち元気プロジェクト」を経営軸のひとつに据えている。「誰一人孤立させない」、「経済的にも、社会的にも、心理的にも、一番遠くにいる人にこそalaの果実を」を劇場の経営方針として、芸術の殿堂ではなく、「人間の家」をミッションとするビジョンが、館長就任前は「KANI」とは読んでもらえなかった可児市を、「住みやすいまち・住んでみたいまち」へと変化させたと思っている。

可児市文化創造センター ala
館長兼劇場総監督　衛 紀生

茅野市民館

- 所在地：長野県茅野市　■ 施主：茅野市　■ 設計：NASCA
- 竣工：2005年　■ 席数：マルチホール＝780

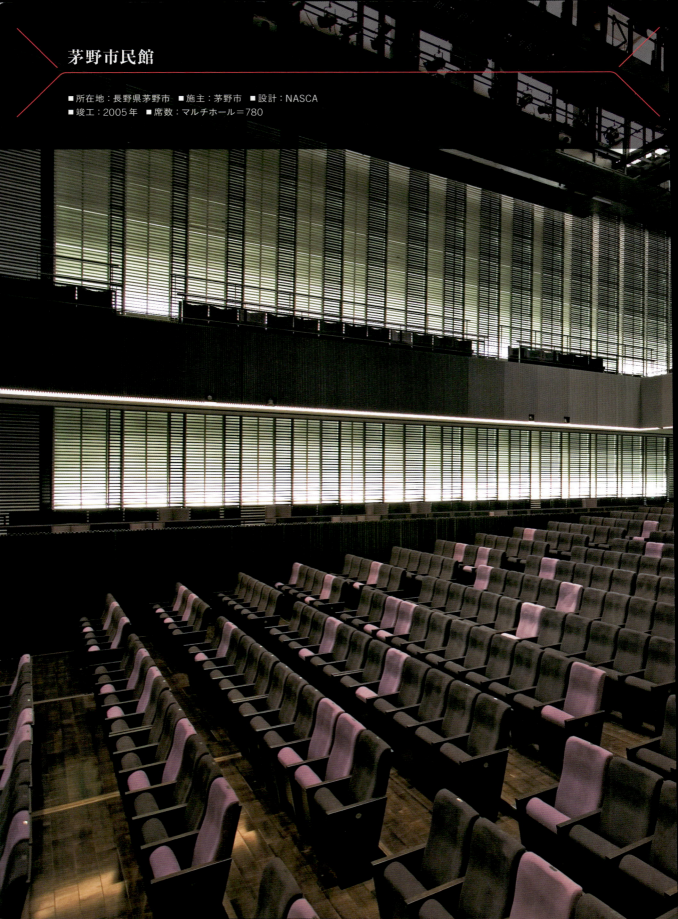

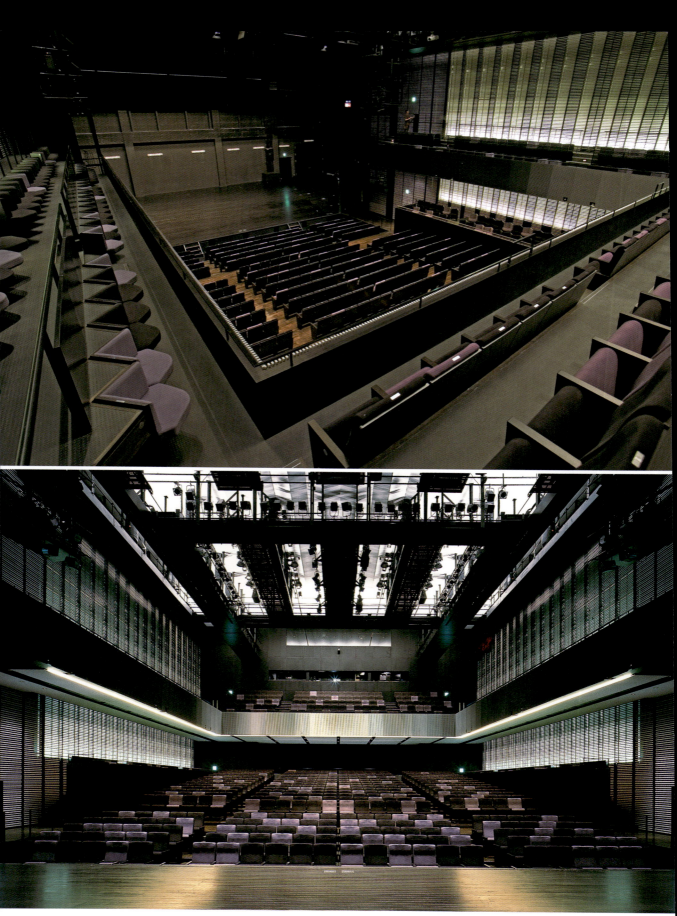

劇場・音楽ホール、美術館、図書室などを備えた地域の文化交流の拠点として、茅野駅前に誕生。駅のホームと並行するガラス張りのスロープが館内へと誘う建物は、市民公開型のプロポーザルを経て選ばれた、古谷誠章の設計。人の行き交う立地を意識し、日常生活と芸術鑑賞という非日常が自然に混ざり合う、開放的な空間を創出した。中心施設のひとつであるマルチホール（pp. 126-30）は、演劇・音楽・美術などジャンルを超えたアートに対応。客席に、空気の力で位置を動かせる可動イスを採用することで、舞台とイスの配置をアレンジし、がらりと異なる空間を生み出すことができる。

客席はすべてオリジナルのデザインで、起毛した柔らかい風合いの墨色をベースに、小豆色をアクセントに混ぜることで、劇場にリズム感を生み出している。2階バルコニー席（p.130）は、ステージの位置に合わせて身体の向きが変えられるため、ストレスなく鑑賞ができる。

　施設内には、300席のコンサートホールや、諏訪地方ゆかりの作家に光を当てた茅野市美術館などが併設され、文化芸術の発信の場となっている。

石川県立音楽堂

- 所在地：石川県金沢市　■施主：石川県　■設計：芦原建築設計研究所
- 竣工：2001年　■席数：コンサートホール＝1,560／邦楽ホール＝727

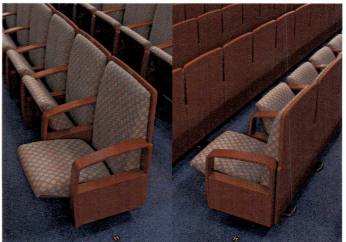

JR金沢駅の東広場に、趣の異なる3つのホールをもつ複合施設として開館。芦原建築設計研究事務所の設計による建物は、和風建築を模した邦楽ホール側の入口（p.133）と、ガラス壁面をセットバックさせた開放的なコンサートホールへのエントランス（p.135）の、2つの対象的な顔をもつ。邦楽ホール（pp. 132-33）は、廻り舞台と大小12基の迫りを備えた本格的な施設。桜柄の特注張地に木部を輪島漆で仕上げた客席は、女性の和装に配慮して座面の奥行きが深い。吉祥文様の松羽目を描いた綴帳は、加賀友禅の技法を駆使した、手描きでは最大級の作品。

133

クラシック専用のコンサートホール（pp. 134-35）は、本拠地を構える「オーケストラ・アンサンブル金沢」をはじめ、国内外の有名オーケストラの北陸における主要な公演拠点となってきた。石川県の伝統的な拭き漆で仕上げられた壁面が、良好な音響と温かみのある雰囲気を生み出し、ステージ正面のパイプオルガンの扉にも輪島塗の見事な蒔絵が施されている。客席の張地も金沢の紅葉を赤とオレンジで表した艶やかなデザイン。駅の地下道と直結した多目的の交流ホールも併設し、観光都市金沢の玄関口として多様なニーズに対応している。

北九州市ウェルとばた

- ■所在地：福岡県北九州市　■施主：北九州市　■設計：梓設計
- ■竣工：2002年　■席数：大ホール＝800／中ホール＝300

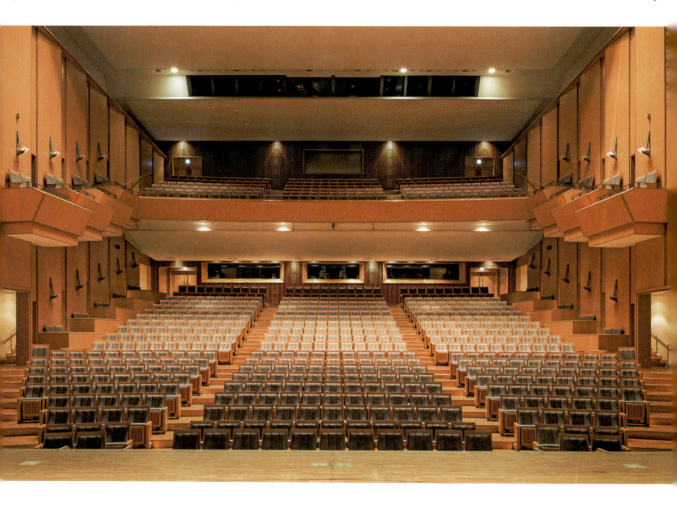

2つのホールをもつ「市民会館棟」と、福祉活動の拠点として約40の団体が入居する「福祉会館棟」の2棟からなる複合公共施設。JR戸畑駅および大型商業施設とペデストリアンデッキで結ばれた建物は梓設計によるもので、芸術鑑賞を核にして、人材育成や教育、福祉活動支援などの行政サービスを有機的につないでいる。大ホール（pp. 136-37）は廻り舞台や大迫り、小迫り、すっぽん迫りのほか、可動音響反射板など本格的な設備をもち、コンサートから大規模な演劇まで上演可能な劇場。

中ホール（pp. 138–39）は室内楽を中心に講演会や映画上映に利用されている。大ホールのイスは笠木にカバの無垢材を3cmの厚さで贅沢に使用しつつ、大胆な面取りですっきりと直線的なフォルムにまとめた（p. 137）。席列が弧を描く中ホールでは、イスは丸みのある姿形で、背や通路側板に放物線状の目地を入れ、曲線的なデザインに統一されている（p. 138）。

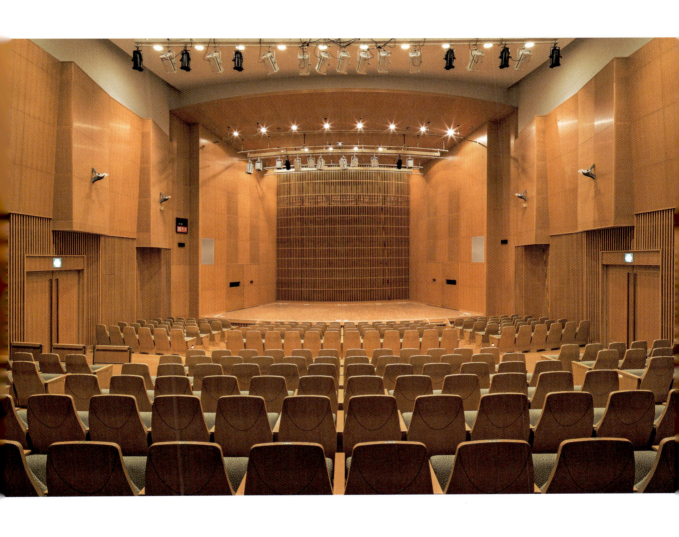

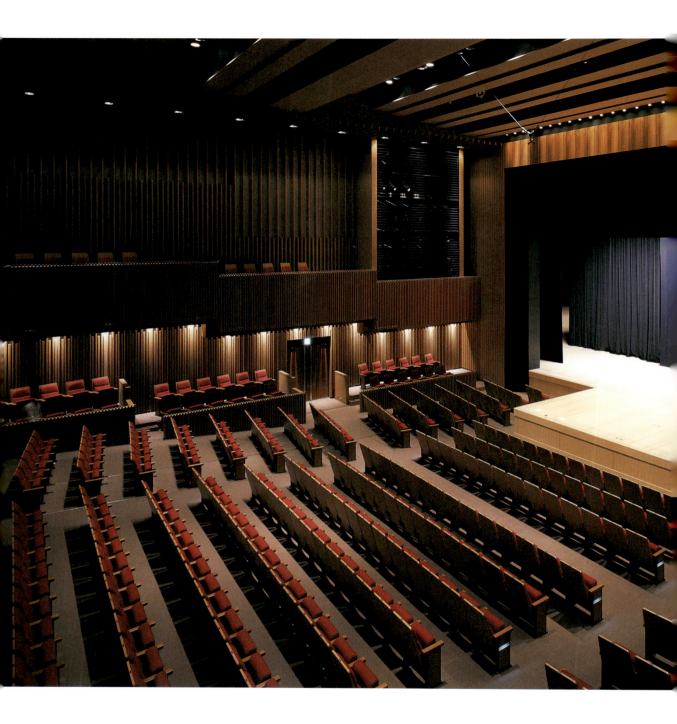

国立劇場おきなわ

■所在地：沖縄県浦添市　■施主：独立行政法人日本芸術文化振興会　■設計：高松伸建築設計事務所
■竣工：2003年　■席数：大劇場＝632／小劇場＝255

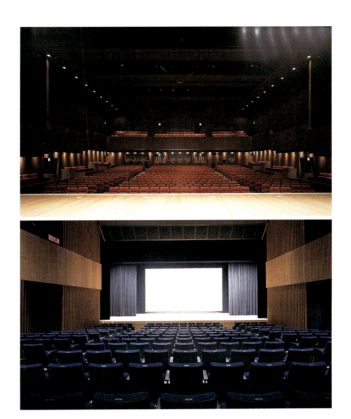

国の重要無形文化財「組踊(くみおどり)」を中心とした沖縄の伝統芸能の公開および保存振興を目的とし、日本で6番目の国立劇場として2004年1月に開場した。琉球王国時代、中国からの冊封使を歓待するために創作された組踊は、2019年で初上演から300年という節目の年を迎え、劇場ではさらに普及に努めている。建築の設計は高松伸によるもの。沖縄の気候風土と共生した古い建築様式である、大きな庇で日差しを遮る「雨端(あまはじ)」、格子状に竹を編み込み風をゆるやかに通す「チニブ」と呼ばれる外壁。これらをモチーフに取り入れ、現代のコンクリート技術を駆使して新しい沖縄建築に昇華させた。大劇場（p. 140）は張出し舞台と花道の両機能を備えた可変式舞台で、組踊のほか歌舞伎などの上演も想定した設計。小劇場（p. 141）は客席と舞台とが一体感を醸し、小規模な独演会や発表会にも適している。

北九州芸術劇場

■所在地：福岡県北九州市　■施主：北九州市　■設計：日本設計
■竣工：2003年　■席数：大ホール＝1,269／中劇場＝700／小劇場＝216

商業施設「リバーウォーク北九州」の高層階に誕生した市立の劇場。工業都市から文化創造都市へと転換をめざす北九州市が、小倉北区の中心市街地に市立美術館分館や映画館などの文化施設とともに建設した。大ホール（pp. 142-43）はミュージカル、バレエ、クラシック、ポピュラー音楽まで幅広いジャンルに対応したプロセニアム型の劇場。客席は、渦巻き模様のドットを織り込んだ深緑の張地と、赤みのある木材を曲線的に使い、柔らかい印象を与える。空調システムを内蔵し、背板の吹き出し口も滑らかに仕上げている。

　中劇場（p. 144）は、古くから演劇が盛んな北九州ならではの演劇専用空間。客席は濃紺の格子柄の張地に金属のパーツを合わせた直線的なデザインが特徴で、バルコニー席も備える。大ホール同様、空調システムを組み込んだ特注仕様。小劇場（p. 145）は舞台と客席（96～216席）を自由にレイアウトできる。客席は、グレーや茶系の3色の糸を織り込んだ深みのある張地が、ニュートラルな空間に安定感を生み出している。

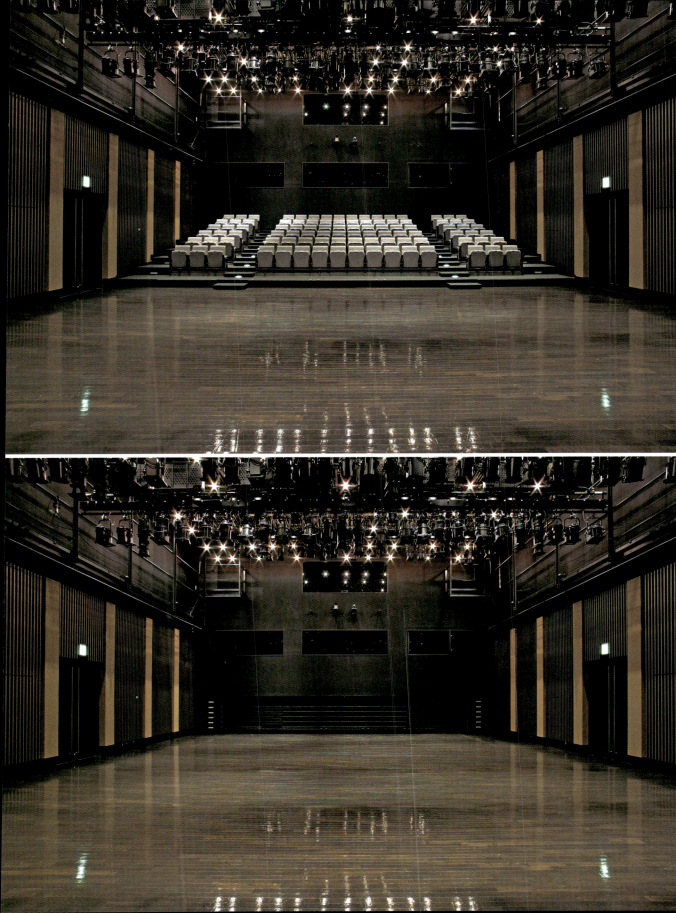

ミューザ川崎シンフォニーホール

- 所在地：神奈川県川崎市　■ 施主：川崎市
- 竣工：2003年　■ 改修：2013年　■ 席数：音楽ホール＝1,997

地上27階の超高層オフィスビルと、巨大円形の文化・商業施設からなる「ミューザ川崎」に開館。川崎駅西口とペデストリアンデッキでつながる建物は、「先端技術と情報、そして文化に出会える街」をコンセプトに設計したもので、いまや川崎市のランドマークとなっている。約2,000席を擁する音楽ホールは、らせん構造の客席空間が中央のステージを360度取り囲むヴィンヤード式を採用し、ロンドン交響楽団の芸術監督サイモン・ラトルをはじめ、世界的な指揮者が称える良質の音響と、演奏者と聴衆との深い一体感を実現している。国内外の著名なオーケストラが公演を行う一方で、地域の文化活動を支える施設として多様なコミュニティ・プログラムも展開してきた。劇場は、らせん構造が特徴で、空間に合わせ上階のイスの寸法を1脚ごとに変え、張地も1階が赤、上へいくに従って濃赤、ボルドー、黒と色を変化させることで、構造を強調している。2013年には客席の改良を図り、さらに2017年にはバリアフリー化の取り組みとして、観客の移動をサポートするため、イスに手掛け棒が設置された。

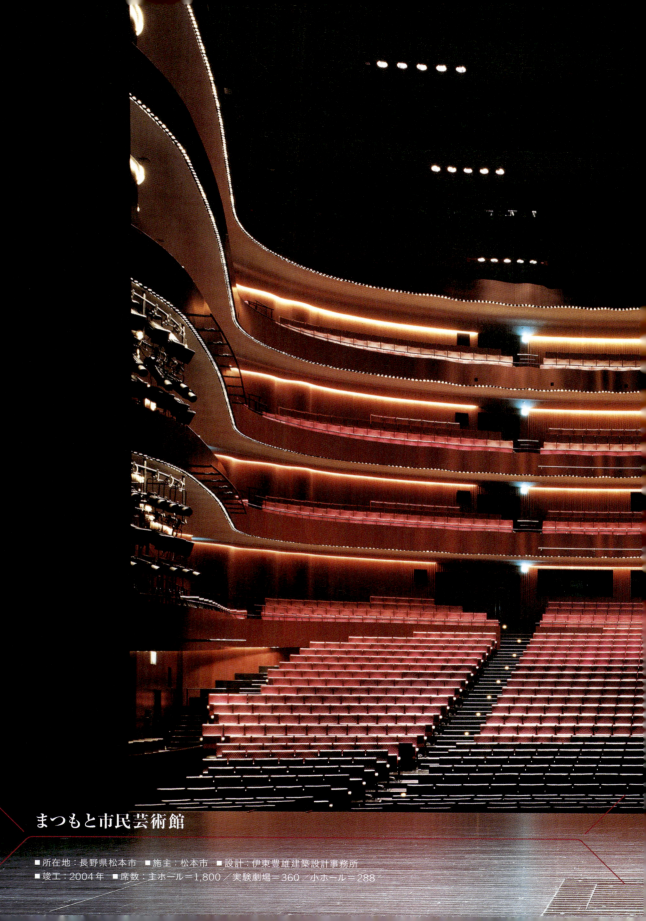

まつもと市民芸術館

■所在地：長野県松本市　■施主：松本市　■設計：伊東豊雄建築設計事務所
■竣工：2004年　■席数：主ホール＝1,800／実験劇場＝360／小ホール＝288

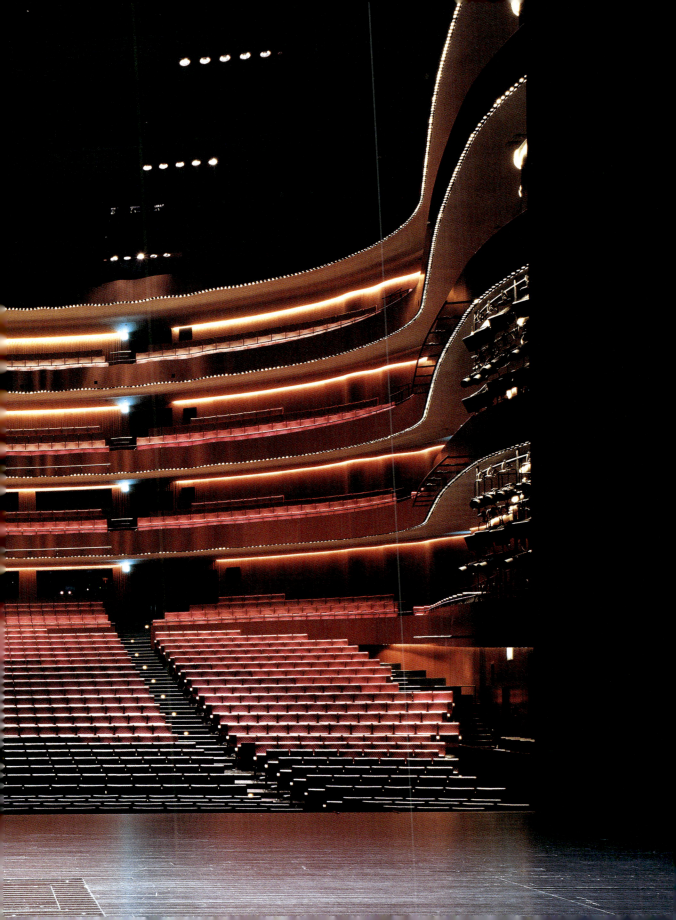

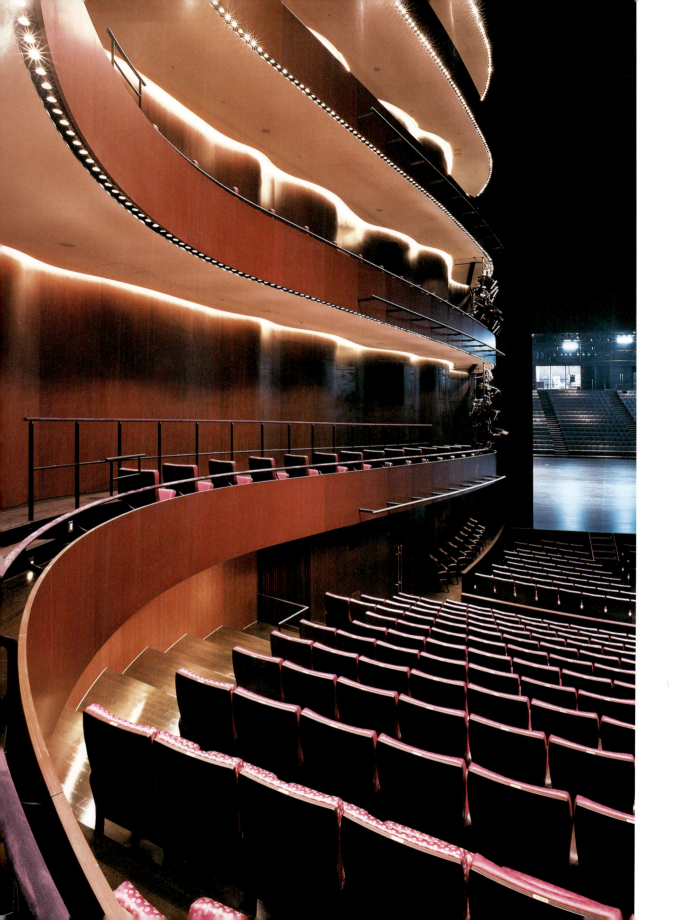

築42年を経た旧市民会館の建て替えを機に誕生した、大小3つの劇場を擁する文化施設。外壁に象嵌ガラスを不規則に散りばめ（p.153）、その特徴的な模様から光が降り注ぐ建物は、伊東豊雄の設計によるもの。敷地の中央に舞台、一番奥に客席を配置することで、来館者が建物を回遊する範囲を広げ、公園のように開放的な屋内を創り出した。オペラが上演できる主ホール（pp.150-52）は、袖舞台が両サイドにある田の字型の変則ステージで、幅広い演出に対応。4層のバルコニーを備えた最大1,800の客席と壁面は、華やかな赤が舞台に向かって徐々に暗くなる色調で、舞台への集中度を高める効果がある。客席は軽やかな曲木をイメージした設計者のスケッチをもとに、バルコニーの形状に合わせてデザインされた。主ホールの後舞台に設けられたロールバック式客席の実験劇場（p.153中）は、「舞台の中の劇場」という今までにない仕掛け。小ホール（p.153下左）は、舞台と客席が一体となるワンボックス型のユニークな小劇場。2階のロビースペースは「シアターパーク」と呼ばれ、様々な催しや憩いの場に活用されている。3階屋上には市街を一望できる芝の広場があり、天気がよければ西側に3,000m級の北アルプス連山、東側に美ヶ原が見える。

酒田市民会館「希望ホール」

- 所在地：山形県酒田市　■施主：酒田市　■設計：本間利雄設計事務所
- 竣工：2004年　■席数：大ホール＝1,287

東北地方屈指の港町である酒田市は、1962年に全国でもいち早く1,000席を超える市民会館を建設。その後、40年以上を経て老朽化が進み、隣接地に大小2つのホールをもつ新たな施設を開場した。観光名所「山居倉庫」を間近に見る風光明媚な場所に位置する建物は、山形県出身で山形美術館や東北芸術工科大学など、山形の自然や景観と融合した建築で知られる本間利雄による。大ホールは多目的ホールであるが、市民の音楽需要の高さを考慮し、クラシック音楽をはじめコンサートに対応した音響ホールとしての機能性が重視されている。内装デザインは北前船の柱と帆を、天井は日本海の荒波をイメージし、視覚的な魅力に加え効率のよい音の拡散と、響きの質の向上を意図した。客席の背面に空調システムを搭載することで、従来の高い天井からの冷暖房に比べ、吹き出し時の音や熱ロスの削減を図った。木を多用した内装も質の高い音響空間の創出に一役買っている。

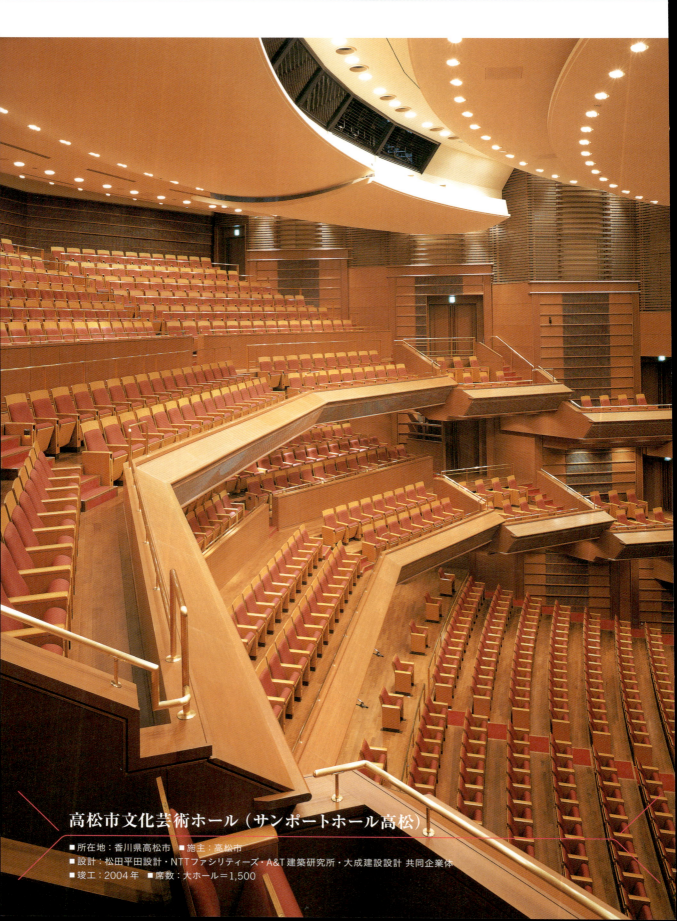

高松市文化芸術ホール（サンポートホール高松）

- 所在地：香川県高松市　■施主：高松市
- 設計：松田平田設計・NTTファシリティーズ・A&T建築研究所・大成建設設計 共同企業体
- 竣工：2004年　■席数：大ホール＝1,500

JR高松駅前の再開発地域に建つ四国最大級の複合施設「高松シンボルタワー」の低層棟に、大小3つのホールをもつ新市民会館として誕生。ホール棟は「かがわ国際会議場」などを擁する30階建てのタワー棟と半屋外空間のアトリウムでつながっている。音楽・演劇を主体とし、会議・集会にも対応可能な大ホール（pp. 156–57）はプロセニアム型の劇場で、客席の可変機能により、レイアウトを1,312席、1,222席、1,034席にアレンジできる。ホールに華やぎを添える緞帳「光彩」は、瀬戸内の海の輝きや透明な空気を表現したもの。ゆったりとして居住性に優れた客席は空調イスを採用。車椅子席18席、親子席16席を備え、車椅子トイレ、難聴者設備など、バリアフリーにも配慮されている。演劇主体のプロセニアム型小ホール（312席）、フリースペース型小ホール（500席）などを併設し、多様な文化活動に対応。また、屋上広場に設けられたウッドデッキからは、瀬戸内の自然や港町の美しさを堪能できる。

兵庫県立芸術文化センター

- ■所在地：兵庫県西宮市　■施主：兵庫県　■設計：日建設計
- ■竣工：2005年　■席数：KOBELCOホール＝2,141／阪急中ホール＝800／神戸女学院小ホール＝417

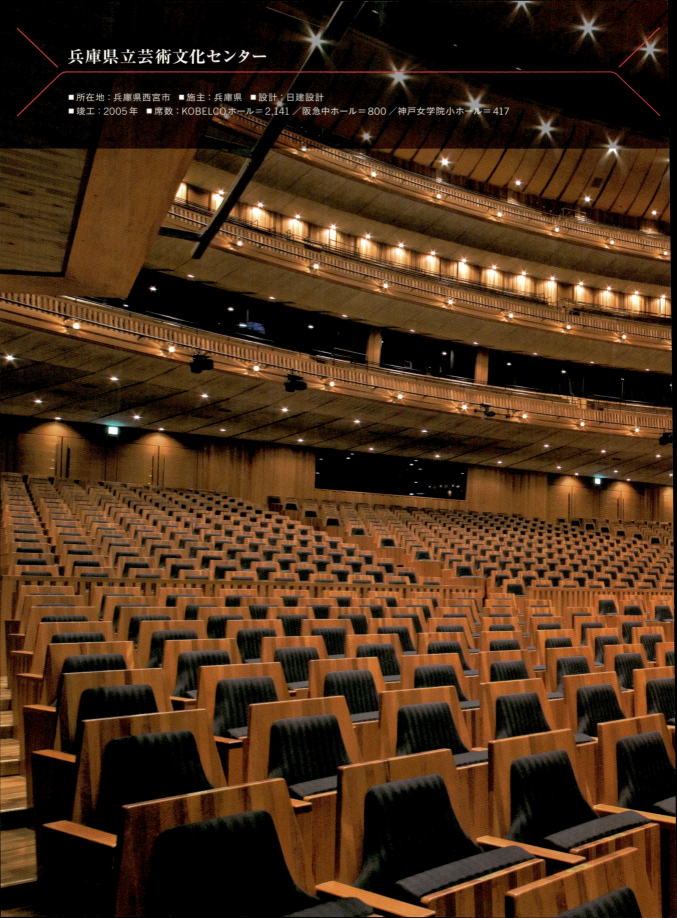

阪神・淡路大震災から10年の節目に、心の復興、文化復興のシンボルとしてオープン。リズミカルに並ぶ列柱と、天空から光を取り込むガラス天井などミニマルな建築美を追究し、太陽光発電、屋上緑化、雨水利用など環境にも配慮した建築は日建設計による。コンサートを主に、バレエ、オペラにも対応できる大ホール（pp. 158–59）は、無垢材で統一された内装と客席の黒い張地が、4層バルコニー形式の大劇場に落ち着いた雰囲気を与えている。演劇を中心にミュージカルや古典芸能などを上演する中ホール（p. 160）は、組み立て床による舞台システムを採用。どの席からも演者の肉声がダイレクトに伝わるよう残響が設計されている。小ホール（p. 161）は室内楽、ジャズなどの公演をはじめ、多様なパフォーミング・アーツを上演。関西初のアリーナ形式のホールを、柔らかな曲面形状の壁と天井で囲み、自然な音の伝わりで客席との一体感を実現している。客席はどのホールもほぼ同じフォルム、緻密なヘリンボーン柄の張地を採用しつつ、大・小ホールでは濃い色地にマホガニー材、中ホールはピンク地にベイマツ材と、それぞれ内装と同じ集成材を組み合わせ、趣を変えている。

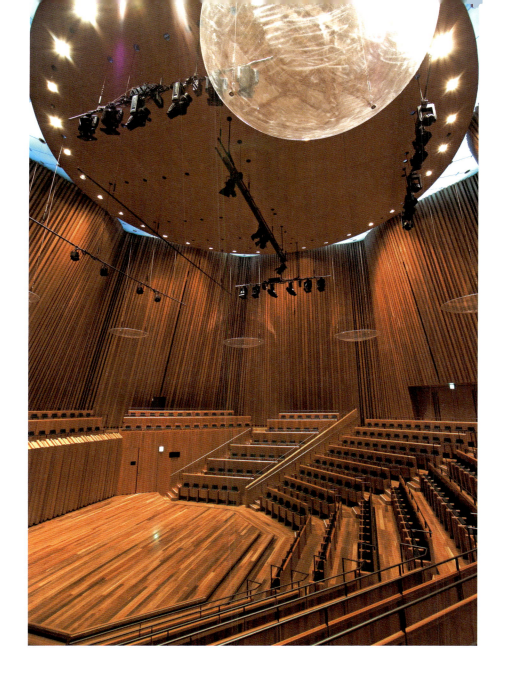

都城市総合文化ホールMJ

■所在地：宮崎県都城市　■施主：都城市　■設計：NTTファシリティーズ
■竣工：2006年　■席数：大ホール＝1,461／中ホール＝682

　JR都城駅に近い都市公園内に、2つのホールと、多数の練習室、TVスタジオなどを擁する、南九州を代表する地域型文化施設として開場。北側の駅前商店街から南側の神柱公園に通り抜けができるアーケード「アートモール」から練習や展示など中の様子が見える建物は、NTTファシリティーズの設計で、施設計画や運営手法には市民の意見が生かされている。演劇を主とする中ホール（pp. 162-63）は、ややダークな色調の木質系内装が特徴で、落ち着いた雰囲気で舞台と客席との一体感を実現している。客席は、五穀豊穣をテーマにデザインされており、背にキルティングで刻まれた矢じり柄は、都城の伝統工芸「都城大弓」にちなんだもの。

音楽を主とする大ホール（pp. 164–65）は、オーケストラピットを備え、生の音が体感できる音響構造のほか、舞台機構、照明や音響設備も充実し、オペラや演劇、講演会にも対応。明るい木質系の内装と、張地にサザンカの花の色糸を織り込んだ客席が、劇場に上品な華やぎをもたらしている。また、背面に吹出口のある空調イスを採用し、室温環境にも配慮した。

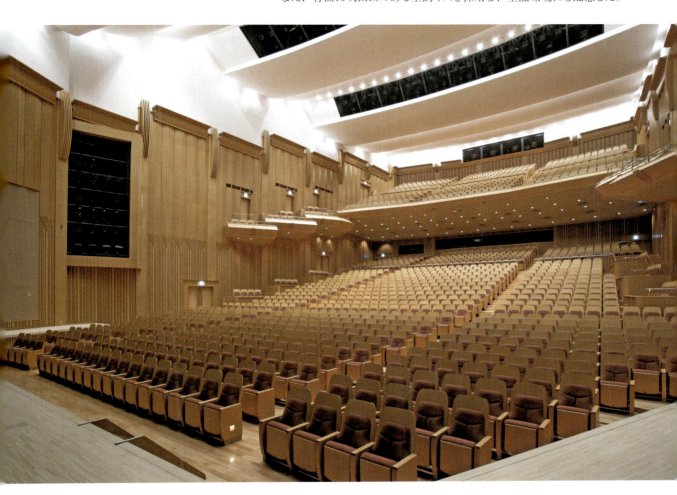

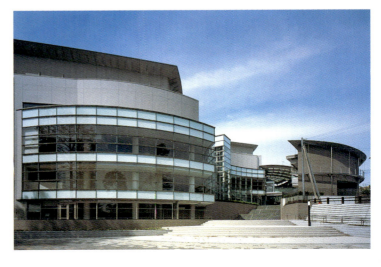

三原市芸術文化センター「ポポロ」

- 所在地：広島県三原市　■施主：三原市　■設計：槇総合計画事務所
- 竣工：2007年　■席数：1,209

三原市の中心部にある宮浦公園内に、既存の文化会館を建て替えるかたちで建設された。ガラスのパビリオンとステンレスのドーム屋根が特徴の建物は、世界的な建築家、槇文彦の設計による。ホワイエと小さなカフェが中庭を囲み、公園の緑を取り込むことで、施設の催し以外でも人々が気軽に立ち寄れる開放的な空間を提供する。ホールはフライタワーと音響反射板、オーケストラピットを備える多目的ホールで、市民利用向けのリハーサル室や練習室を併設する。鏡餅のような屋根の内側にあたるホールの天蓋空間は、観客を包み込むような視覚的効果とともに、長めで拡がりのある音響にも奏功している。末広がりの背もたれと、側面に空いたV字の隙間が幾何学的な内装に調和する客席も、オリジナルのデザイン。一本脚が足下に適度のスペースを生む。

大船渡市民文化会館・市立図書館「リアスホール」

■所在地：岩手県大船渡市　■施主：大船渡市　■設計：新居千秋都市建築設計
■竣工：2008年　■席数：大ホール＝1,100

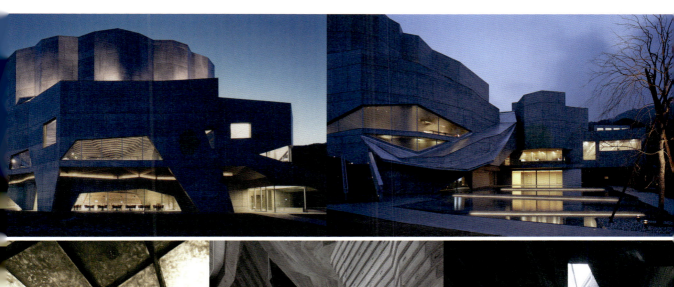

　陸中海岸国立公園の南部に位置し、世界有数の漁場と風光明媚なリアス式海岸で知られる大船渡市に、2008年大ホールを中心にした複合施設として誕生。三陸の海をモチーフとしたデザインが随所に感じられる斬新で頑強な建物は、音楽・演劇・古典芸能・映像など、さまざまな催しに対応する施設や、市民の要望を取り入れた市立図書館を併設する。設計を担当した建築家の新居千秋は、建設計画当初から、意匠や使用目的まで幅広く意見を出し合う市民ワークショップを開催し、その内容を設計に反映している。その結果、市民にとって自分たちの施設という意識が高まり、さらに市民参加型の自主事業実行委員会と一体となった施設運営も実現した。

　2011年3月11日、大船渡市は東日本大震災による地震と津波に襲われた。寒さの中かつて石切場であった高台に立つこの建物に人々が自然と集まり、一時500人を超える避難所となった。リアス式海岸をイメージした建物は、視界を遮る複雑な意匠や多数の小部屋がゆるやかなプライバシーを生み出して、避難生活のストレス緩和に有効に機能した。防音性のある図書室には乳幼児をもつ家族を優先するなどの配慮もなされ、付属するレストランの厨房も炊き出しに集まったボランティアの活動を大いに支えた。

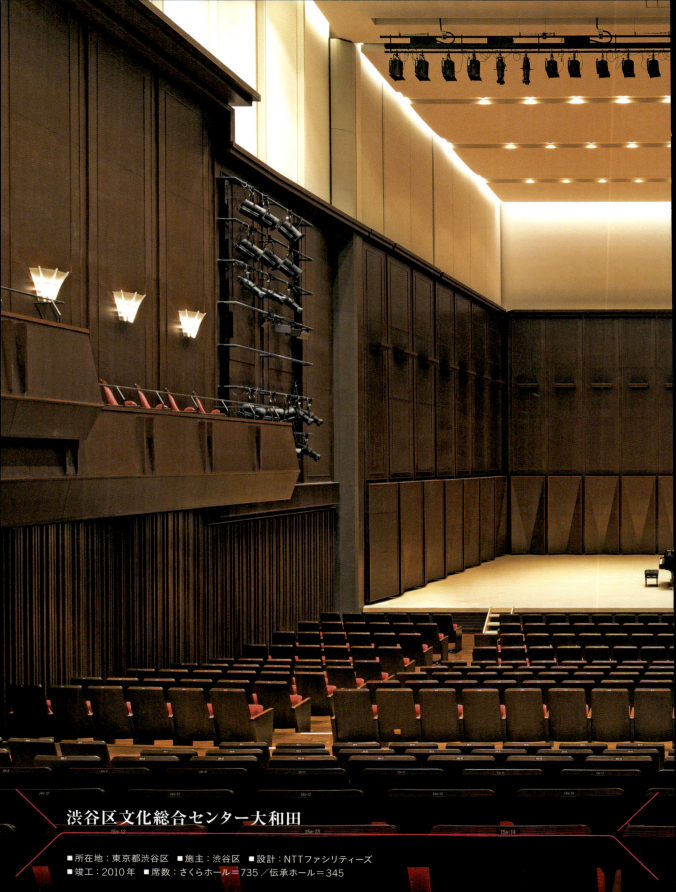

渋谷区文化総合センター大和田

■所在地：東京都渋谷区　■施主：渋谷区　■設計：NTTファシリティーズ
■竣工：2010年　■席数：さくらホール＝735／伝承ホール＝345

廃校になった大和田小学校跡地に、新たな文化・教育・健康・福祉の拠点として2010年にオープン。2つのホール、図書館、保育園、男女平等ダイバーシティセンター、プラネタリウムなどの施設が地上12階、地下3階のビルに入る。建物はNTTファシリティーズの設計。中央の吹き抜けロビーから始まる各施設への動線を、アートガーデンやピロティなど意図的に散りばめられた共有空間で交差させ、人々の交流や施設間の連携を図った。コンサートを主とするさくらホール（pp. 172–74）は、音響性を重視したシューボックス型の劇場で、客席の張地にホールの名前にもなった桜花の意匠を採用している。芝居小屋をイメージした伝承ホール（p.175）は、花道や桟敷席を設え、演劇や舞踏、伝統芸能から映画や講演会まで多目的に対応。桟敷席の後ろには、壁収納型の補助椅子も備えている。

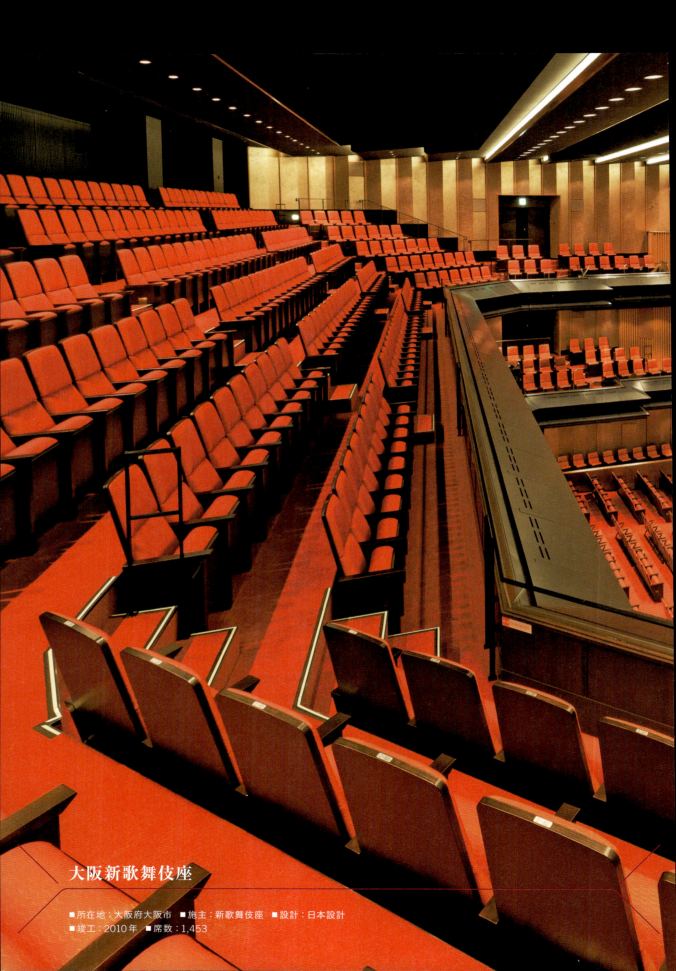

大阪新歌舞伎座

■ 所在地：大阪府大阪市　■ 施主：新歌舞伎座　■ 設計：日本設計
■ 竣工：2010年　■ 席数：1,453

2006年に老朽化で閉館した新歌舞伎座のあとを受け、上本町の商業ビルの6階に場所を移して新開場した。劇場の入る「上本町YUFURA」（p.179）は、近鉄が創業地に100周年事業で建設したもので、ビルと劇場の設計はともに日本設計による。近鉄の駅に直結した立地を生かし、歌舞伎だけでなく、時代劇や歌謡ショー、有名スターを据えた座長公演などを月替わりで上演し、人気を集めている。廻り舞台と花道を備えた古式スタイルの本格的な劇場は、横長で奥行きの浅い空間に3層の客席を配し、観客から舞台まで手の届きそうな感覚が特徴。格子柄に唐破風模様が見え隠れする装飾的な客席や、上村淳之の日本画による緞帳「四季花鳥図」（p.178）が、幕前のひとときに華やぎを添えている。

島根県芸術文化センター「グラントワ」

- 所在地：島根県益田市　■ 施主：島根県　■ 設計：内藤廣建築設計事務所
- 竣工：2005年　■ 大ホール：1,500／小ホール：400

島根県立石見美術館と島根県立いわみ芸術劇場から成る複合施設で、建築家の内藤廣が「街に語りかける建物」をコンセプトに設計。美しい光沢を放つ地元産の石州瓦に覆われた外観と、中庭を囲むように美術館、大・小ホール、多目的ギャラリー、レストランを配置した空間デザインが特徴。大ホール（pp. 182-83）は、大掛かりな舞台装置によるオペラ、バレエが公演できる西日本有数の舞台として知られ、上質な音響も備える。

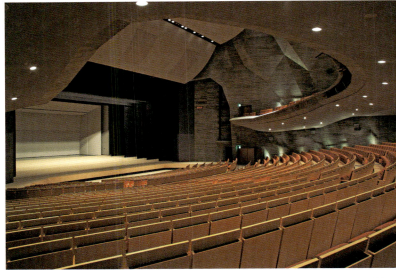

小ホール（p. 184）は演劇や古典芸能、室内楽などに適した空間。客席は両ホールとも空調イスで、石州瓦をイメージした凹凸のある張地を採用した。水盤の水を抜くことで、催事に合わせてフラットな広場になる中庭（pp. 180–181）は、建物の内外での多彩な芸術文化活動を可能にし、数々の賞に輝いている。

188	釜石市民ホール TETTO
194	由利本荘市文化交流館 カダーレ
200	新潟市江南区文化会館
202	新潟市秋葉区文化会館
204	フェスティバルホール
208	上田市交流文化芸術センター
212	ウェスタ川越
216	勝浦市芸術文化交流センター Küste（キュステ）
220	くれ絆ホール
224	ビッグルーフ滝沢
228	香椎副都心公共施設「なみきスクエア」
232	白河文化交流館コミネス
236	荘銀タクト鶴岡（鶴岡市文化会館）
240	静岡県富士山世界遺産センター
244	日本青年館ホール
248	越後妻有文化ホール・ 十日町市中央公民館「段十ろう」
252	札幌文化芸術劇場hitaru

4

「創客の時代」へ

2011–2018 竣工

釜石市民ホール TETTO

- 所在地：岩手県釜石市　■施主：釜石市　■設計：aat＋ヨコミゾマコト建築設計事務所
- 竣工：2017年　■席数：ホールＡ＝838

2011年の東日本大震災で被災した市民文化会館に代わり、新しい市民文化の拠点として開館。エントランスにガラス屋根の市民広場（p. 190）を設け、館内に散策路を巡らせるなど、人々の交流を促す工夫が随所に見られる。主となるホールAは木質の内装で、天井と壁の「うねるような」意匠が特徴。1階の480席は可動式で、イスをホール前方に収納すると、平土間式のホールB（約200席）と平場でつながる。さらに、移動観覧席を収納し大型建具を開放すれば、大小2つのホールとロビー、広場が一体となった総長77mのスペース（pp. 190-91）が誕生する。

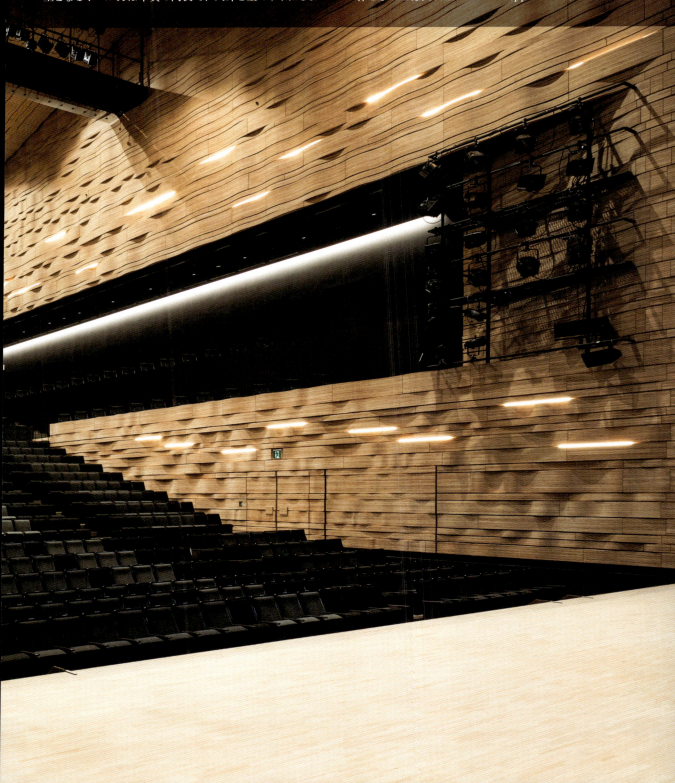

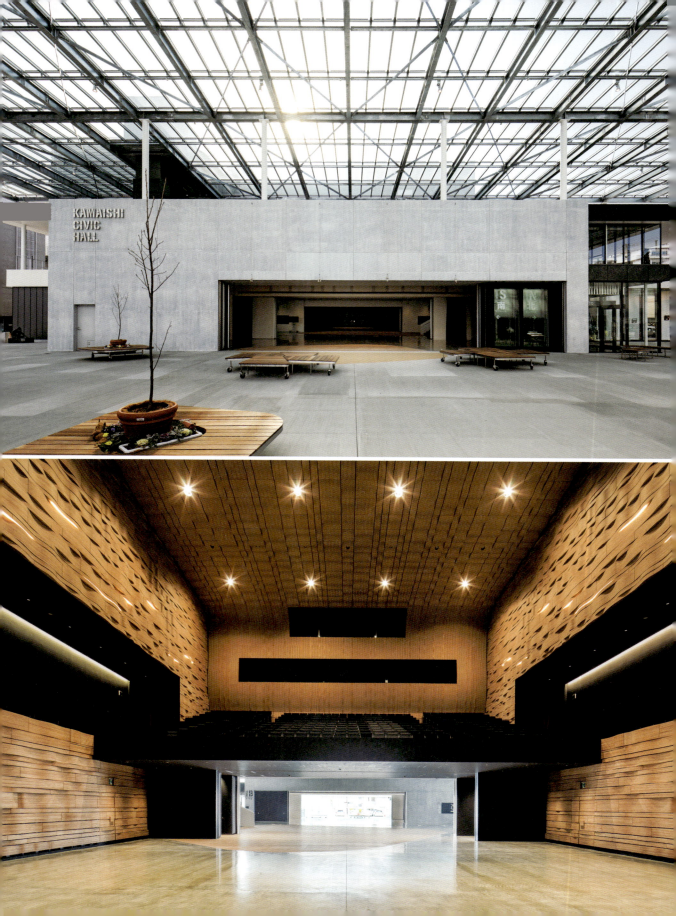

復興を裏から支える劇場イス

劇場イスの記憶をたどると、東京藝術大学音楽学部に建っていた「奏楽堂」[1]に同級生たちと忍び込み、客席に座った時の感覚が蘇る。1980年当時、すでに閉鎖されており、役目を終えたイスは、座面のすり切れた布地を突き破り、クッション材の藁がはみ出していた。座の中央が微妙に高く、まるでボールの上に座っているかのようで、体を垂直に保つのが難しかったのを思い出す。それから20年後に、「せんだいメディアテーク」(2000年竣工)の現場で、180席ほどのフィルムシアターに設置する劇場イスについて考える機会が訪れた。フランスの老舗「キネット」は、背の曲線が優雅でシックな色の張地が揃っている。イタリアの「ポルトローナ・フラウ」は、張地の赤が鮮やかで小粋なデザインが魅惑的。アメリカの「アーウィン」は作りも座り心地も大味だが実に機能的。車のデザインのように、劇場イスにも強くお国柄が表れるのが面白かった。

そして2014年、東日本大震災で被災した釜石市で市民ホールの設計にかかわる機会を得た。1階後部座席が折りたたまれ舞台最奥まで移動することで平土間になる838席のホールである。採用したイスは標準的な製品だが、座り心地が非常によい。この優等生的なところが日本製の良いところかもしれない。悩んだのは張地の選択である。「東京文化会館」(1961年竣工、2014年改修)をはじめ、多くのホールで複数色の張地を組み合わせた事例を見ていたので、釜石でも採用することに。しかし、予算内での組み合わせとなると色も限られてしまい、また内装に使う杉材の色味を活かすことも考えると無難な黒になってしまう。そこで、遠目には黒でもグレーと黒の縦糸と横糸の混ざり具合が違う何枚かの張地を選んでみたが、やはり少し寂しい。差し色を加える勇気もない。その時、生地の裏に目が留まった。織りの違いで表裏の表情が微妙に異なり、全く別の生地に見えるものさえある。最終的には、生地を表裏で使い分け、3種類6色を内装の方向に揃えて張り分けた。決して華やかではないが、大きな被災からの復興をめざす釜石の人々を、「裏から」支えるごとく、一人一人に寄り添う繊細さと力強さを併せ持つホールのイスになったと思う。

ヨコミゾマコト

1　1890年竣工、1987年移築復元　現「旧東京音楽学校奏楽堂」

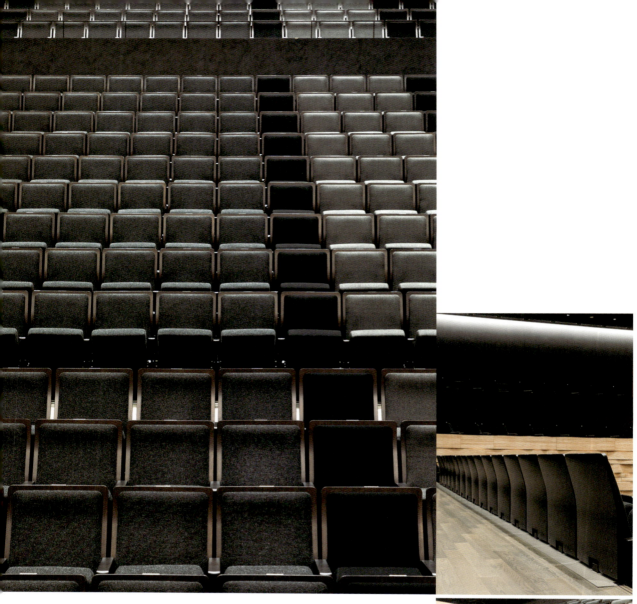

市民に愛され、市民の心を熱くする、
市民文化の総合支援拠点

東日本大震災から7年、釜石市に市民待望の公共文化施設が誕生した。被災した旧市民文化会館に代わる施設として市の中心部に設置された釜石市民ホールには、にぎわい創出に寄与する使命が課せられるとともに市民の大きな期待と願いが寄せられている。

「釜石市復興まちづくり基本計画」には、釜石市のめざすべき将来像として「三陸の大地に光輝き希望と笑顔があふれるまち釜石」が掲げられ、将来にわたり都市機能を維持できる安全で魅力ある市街地再生を推進している。市民の福祉の増進と文化の向上を図るために文化芸術に関する活動を行う市民文化の総合支援拠点であるとともに、伝統文化の継承・生涯学習・次世代を担う人材の育成・地域社会の絆の維持及び強化など、釜石市民ホールに求められる役割は多岐に及ぶ。様々な要素を広く「釜石の市民文化」と捉え、これらを総合的に支援し共生社会の実現に資する機能を与えられた施設ともいえる。

この釜石市民の想いに、建築設計者の情熱と発想が見事に応えている。暗い街に明かりを灯すこと・街に新しい人の流れをつくり交流をもたらすこと・人々が自然に集まり開放的で心地のよい場所であること・豊かな響きと温かみのある創造空間を備えること・コミュニティーホールからレジデンス機能を併せ持つ生活文化芸術創造センターであることなど、釜石市民が文化的地域遺伝子を再生し誇りを持って暮らし続けることができる「まちづくり」をこの施設で具現化している。

ゆえに、これからの施設運営の責任は大きく重い。市民に愛され、熱くなれる施設をめざして、「ものづくり」から「なかまづくり」へ、「なかまづくり」から「ゆめづくり」へと、市民とともに歩みを揃えることから始めたい。

この上ない上品なロビー空間や、やさしい木の温もりに包まれた上質なホール座席には、ミューズに引き寄せられた市民の笑顔が並び続けることを願っている。

釜石市民ホール前館長　玉ノ井 衛

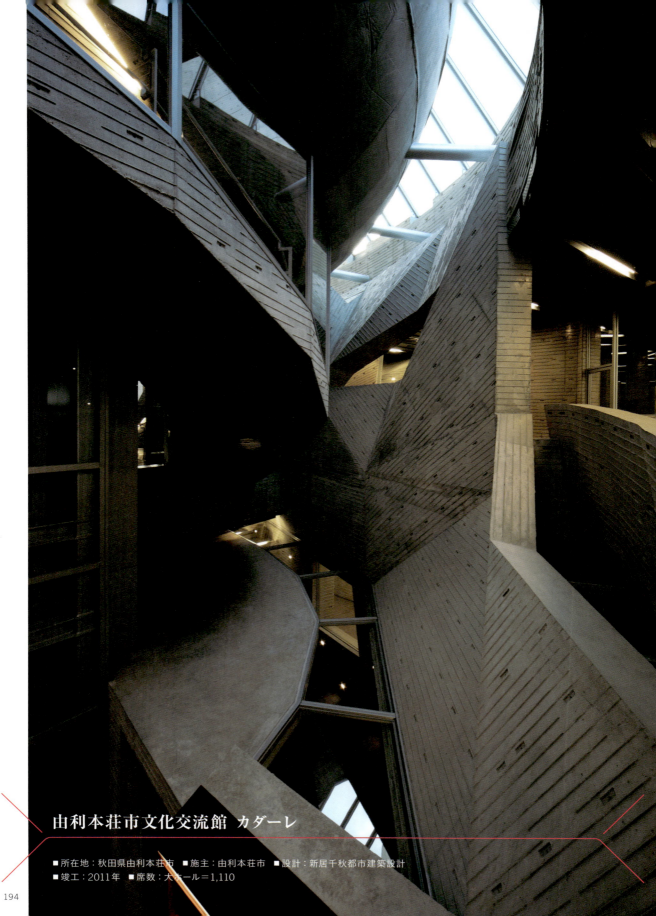

由利本荘市文化交流館 カダーレ

■所在地：秋田県由利本荘市　■施主：由利本荘市　■設計：新居千秋都市建築設計
■竣工：2011年　■席数：大ホール＝1,110

機能を移転集約し、文化ホールやプラネタリウム、レストラン、物産館などを加えた複合公共施設として開館。2005年に1市7町が合併して生まれた由利本荘市の、教育・文化・交流拠点となっている。コンクリート打放しの多面的な構成と、プラネタリウムの楕円球体を組み合わせた印象的な建物は、設計者の新居千秋が市民とのワークショップを開催し、そこで出たデザインスクリプトをもとに次世代を育てる「科学の船」を表現した。建物デザインだけでなく、22万冊収容可能な図書館など館内施設の計画にも市民の意見を取り入れ、毎年56万人が利用する賑わいの場を創出した。世界初の多機能型可変劇場を誇る大ホール（pp. 196–97）は、最大1,110人を収容。劇場形式のほか、平土間や客席のない大空間までレイアウト変更が可能で、人口77,000人の市民が様々な目的で利用できる。

大ホール1階の536席は可動席で、一部または全部を床下に収納することができる（p. 195右）。さらにユニークな点は、祭りの際には平土間となった1階部分を市民活動室、ギャラリー、ポケットパークとつないで130mの道をつくり、練り歩きを可能にしたことである。音楽ホールとしての音響や舞台施設も充実しており、独自に開発された客席は、可動席と固定席が全く同質で、背にエンボス加工を施し、宇宙船をイメージした空間演出に寄与している。

劇場は特殊な楽器だ

音を聴きにくるだけでなく、「見る」ということも含まれる。劇場やホワイエのざわめき、観客と演者双方が見る、見られているという一体感を持ち、劇場にきた人々に音楽や演劇を楽しむ以上の何かをもたらす。楽器ひとつとっても、各々の目的のために違う形、音になっている。劇場も同じことで、それぞれの地域の人と長時間の打ち合わせやワークショップなどによって、形づくられたトポフィリア（地域愛）をベースに、その劇場だけが持つ要望やmyth（神話の物語）に基づいた劇場を作り、ある種のストーリー＝脚本を市民の人達と考える。天井も壁もイスもすべて既成のものではなく、その場所独自のものとした。

大船渡市民文化会館・市立図書館「リアスホール」
[pp. 168–71]

大船渡市はリアス海岸で有名な三陸海岸にあり、中でも穴通し磯は有名だ。太平洋側の著名な漁港で、その漁船や碁石海岸、乱曝谷、雷岩がある。流れる雲に導かれ、洞窟を抜けると、別の世界が広がる。そこにはさざ波をデザインしたイスや漁船が集結しており、流れる雲や壁面を水が走る。ジブラルタル海峡のヘラクレスの洞窟やグーニーズの海賊船のシーンが蘇る。力強い船の旅立ちの音が聞こえる。この外観や内部の崖のようなデザインは私達の21世紀型のワークショップ、それを解決するための3次元のテクニックなくしては出来ない。

由利本荘市文化交流館 カダーレ＝Transformers
[pp. 194–97]

由利本荘市は、40年前からプラネタリウムや天体観測ドームを持つ図書館やホールや公民館の複合施設があった科学の街である。カダーレの建物は、トランスフォーマーのように床や壁が動き、幅12.5×全長85mくらいの筒になる。空には三角形のファイティングシップが飛び交う。ムーンが迫ってくる。すべての壁が斜めに動き出す。そんなスターウォーズの世界や宇宙戦艦ヤマトへと子供たちの夢を育んでくれる。このグニャグニャに由がるストラクチャーを解くために、有限要素法や3次元のテクニックが更に進化した。

新潟市江南区文化会館＝Ear of Rice
[pp. 200–01]

亀田は米と酒の街で、1948年頃まで、人が水の中に腰の上までつかりながら、厳しい自然と戦って日本でも有数な米をつくってきた。「稲穂」は季節で色を変える。嵐にあっても、雨にうたれてもゆらゆらと揺れながら力強く、時に、色もにおいも変わる。亀田織を模して作られた稲穂チェアーに座ると、周囲の白い空間の中の、7,000個の孔が光や音をコントロールし、中央アジアの草原、ピンクフロイドの「Wish you were here」が聞こえてくる。劇場、公民館、郷土資料館、図書館が合築した中で、光の入ってこない部屋が光に向かって石の花のように伸びている。

新潟市秋葉区文化会館＝Grotta（洞窟）
[pp. 202–03]

ジュール・ヴェルヌの冒険譚『地底旅行』の主人公のように、洞窟の中に入っていくと、壁面に埋め込まれた光、天窓の空、そこからの光、天空（天井）に曲がった柱、ねじれた壁、変わったキノコ、そして天井の洞窟によって創られた空の下に、地中の海があり、地中の都市がある。モミジの紅葉をダブらせた椅子に身を沈め、コンクリートの重い壁が、あやしく、軽く、人々を包み込む。その闇の中に百目がいる。新津の里山の下にそんな世界が広がっている。劇場内の壁と天井の大半は躯体のため、3次元で音響を全て事前に決めなければならない。ヤマハの技術者から「日本でも世界でも有数の低音の良い劇場」と評されたことは、いまもその時の感動とともに記憶に残る。

新居千秋

新潟市江南区文化会館

- 所在地：新潟県新潟市　■施主：新潟市　■設計：新居千秋都市建築設計
- 竣工：2012年　■席数：音楽演劇ホール＝399

　文化会館の新設計画に合わせ、既存の公民館、図書館、郷土資料館を移設集積し、芸術・文化・交流の拠点として開館した。コンクリートの出目地を利用した垂直模様が、天に伸びる稲穂や地元特産の亀田縞の縞模様を連想させるユニークな建物は、建築家の新居千秋の設計。躍動する生命の光を表現した建築デザインは、中心となる音楽演劇ホールにも踏襲され、壁に散りばめられたLED照明から光の粒がこぼれ落ち、亀田郷の田園風景をイメージした鮮やかなグリーンの客席に降り注ぐような、印象的な劇場空間を創り出している。

　音楽演劇ホールは、移動式反射板を使って舞台奥行きを約11mまで延ばすことができ、約400席の小規模ながら大編成オーケストラにも対応。ステージ上に客席を設けた古楽器コンサートや講演会、映画鑑賞会など、市民の多様なニーズに応えている。音楽演劇ホール、公民館、図書館、郷土資料館の4つの施設ゾーンを、十字ストリートを挟んで配置することで、各ゾーンに併設された様々な部屋の連携をはかり、施設全体が市民活動のショーケースの役割を果たしている。

新潟市秋葉区文化会館

■所在地：新潟県新潟市　■施主：新潟市　■設計：新居千秋都市建築設計
■竣工：2013年　■席数：496

新潟市南部に位置し、起伏の少ない山地や丘陵が南北20kmにわたってなだらかに連なる新津丘陵。秋葉区にはこの丘陵を利用したいくつかの遊歩道があり、人々の憩いの場となっている。文化会館もこの地形に倣い、「文化の里山」をコンセプトに建てられた。建物は、約500席のホールを中心に、楽屋、練習室、ロビーなどが円を描きながら取り巻き、さながら丘の遊歩道を歩くように設計されている。諸室には楽屋とロビーの両方からアクセスできる。洞窟のようなホールは、コンクリートの打ち放しの壁面・天井が微細な角度で設置され、音響反射面となってホールの隅々まで美しく音を響かせる。また、開口部にはめ込まれたアルミ板も音響の調整を担うとともに、照明を反射して木漏れ日のような光を演出している。

フェスティバルホール

- 所在地：大阪府大阪市　■ 施主：朝日新聞社　■ 設計：日建設計
- 竣工：2013年　■ 席数：2,700

旧ホールは、1958年、国際的な音楽祭が開催できる国内初のコンサートホールとして、水都大阪を象徴する中之島に開館。「天から音が降る」と称された優れた音響と2,700席の世界有数規模で、半世紀にわたり著名音楽家の名演の舞台となってきた。中之島再開発により開館50周年の2008年に閉館。5年後の2013年に同じ敷地に建設された高さ200mの超高層複合施設である中之島フェスティバルタワー内に新ホールが開館した。旧ホールと同じ最大席数を確保し、間口の広い舞台と、客席から舞台までの距離が近い空間を継承しつつ、高く奥行きのあるフライタワーを備えるなど舞台空間を大幅に拡充することで、様々な舞台芸術や多様な演出に対応している。

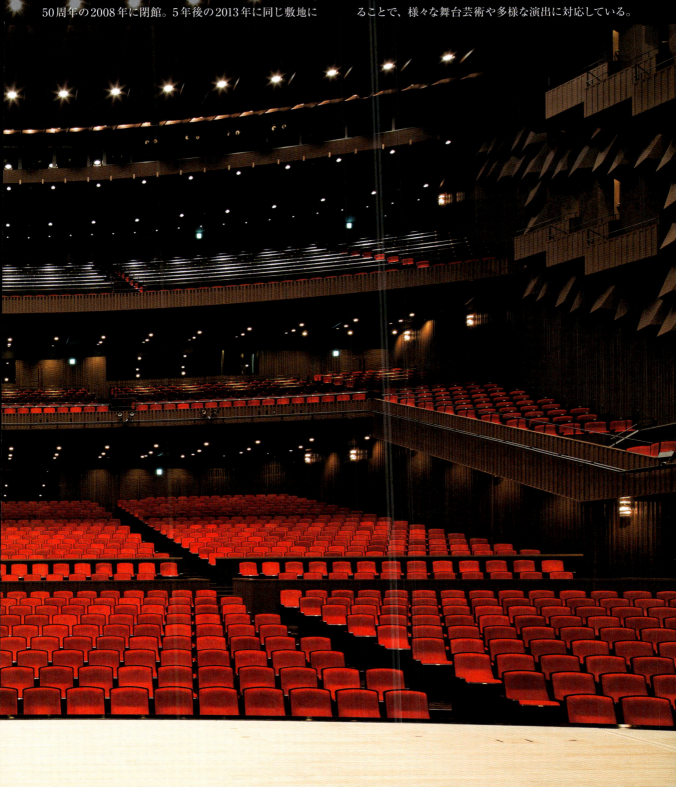

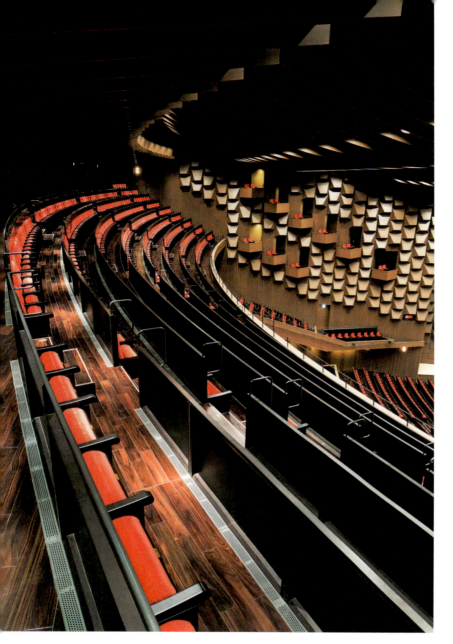

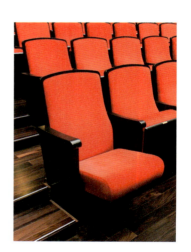

客席も旧ホールの伝統を継承すべく、木部は同種の木材、張地は同じ風合いの生地でオリジナル色を再現し、ナンバープレートも同書体を踏襲。音響性能を進化させるため、イスの吸音試験も実施した。一方、肘当てを細くして座席にゆとりをもたせ、上階席には手摺壁に背クッションを取り付けて建築とイスの一体化を図るなど、細部で新しい工夫がなされている。

伝統の「継承と進化」をテーマに

2013年に開館したフェスティバルホールは、「天から音が降り注ぐ」と称された旧ホールの音響特性を継承しながら、舞台設備・音響など機能面でのさらなる進化を目指した「伝統の継承と進化」をコンセプトに設計された。観客は真紅のカーペットを敷いた「大階段」をのぼりホールエントランスに至る。ホワイエは3層吹抜けのレンガ壁の空間で構成し、そのホワイエに輝く星空をイメージした照明が観客を舞台芸術の非日常性に誘う。

新ホールは旧ホールと同じく2,700席でありながら、階構成を2層（1・2階席）から3層（1〜3階席）へと変更し、舞台から最後部客席までの距離を2m短くしたことで、舞台と客席が近く出演者と観客の一体感を得られる劇場空間となった。

客席イスは旧ホールより幅5cm、前後4cm広げ、観客の快適性向上を実現している。また、客席イスはモックアップ製作を繰り返し、座り心地と意匠性を追求するとともに、素材に旧ホールに使用されていた「桜材」と「モケット張地」を用いることでそのDNAとイメージを継承。2階席・3階席の段床通路部には、客席イスと一体化した手摺を設け、安全性と高齢者などへの対応に配慮している。

ホール内装は「木」を基本とし、客席の床材には高級材であるローズウッドを選定。ローズウッドはバイオリン、ギター、クラリネットなどの楽器に多用される木種で、舞台上で奏でるローズウッドの楽器たちの音楽に内装材のローズウッドが共鳴して、豊かな響きを観客に届ける。ホール自体も楽器であるのが、フェスティバルホールである。

開館以来、「音楽の殿堂」として長年親しまれてきた旧ホールを知る音楽愛好家とアーティストからも高い評価を得ている。

株式会社日建設計　甲 勝之

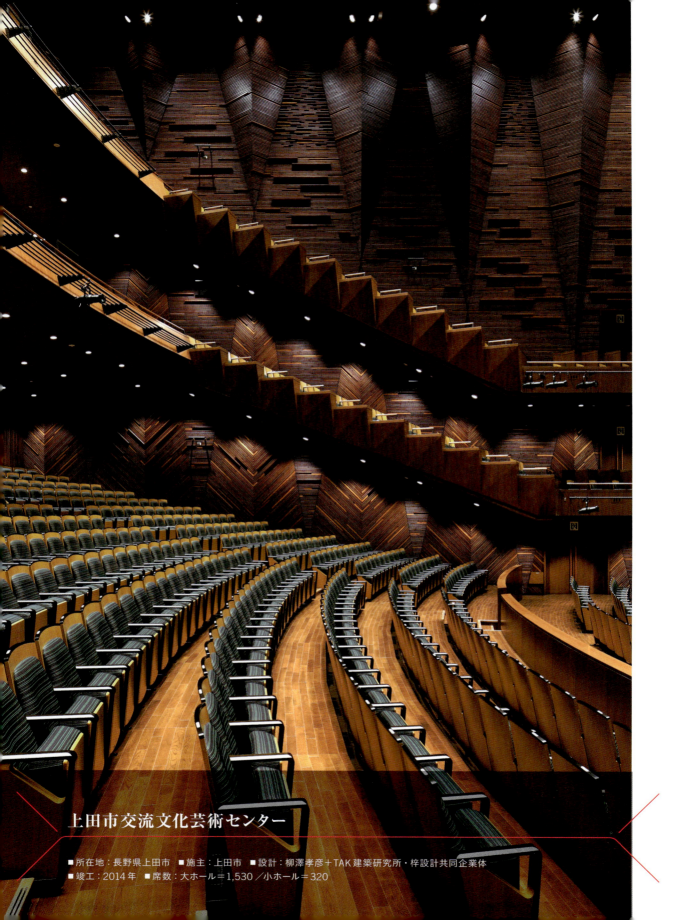

上田市交流文化芸術センター

■所在地：長野県上田市　■施主：上田市　■設計：柳澤孝彦＋TAK建築研究所・梓設計共同企業体
■竣工：2014年　■席数：大ホール＝1,530／小ホール＝320

千曲川のほとりに建設された劇場と美術館の複合施設「サントミューゼ」内に開館。広大な敷地の中心となる交流芝生公園を、円周300mの大回廊がぐるりと巡り、さらにその周囲に諸施設を配置して建物間を直結させた。

設計は建築家・柳澤孝彦らによるもので、1階に主な施設を置くことで利用者の移動を容易にし、さらに見晴らしの良い開放的な回廊を散策路に見立て、施設利用に付加価値を与える新しい環境デザインを提案している。

最大1,530人を収容できる大ホール（pp. 208, 210）は優れた音響で知られ、コンサートやオペラ、演劇、バレエなど大規模な上演が可能。一方、客席と舞台までの最大距離が31mというコンパクトな空間設計が、古典芸能や講演会などにも適し、多目的に利用されている。木質の内装と調和し、落ち着いた雰囲気の客席は、黒をベースに、緑の三角形の連続模様が横縞を描き、周囲の山並みを表現している。1階席と2層のバルコニー席は、3色の糸を織り込んだ鮮やかな張地と、肘掛けの下を三角にくり抜いた斬新なスタイルが目を引く。小ホール（p. 211）は、音楽、演劇、舞踊、講演会など、幅広いジャンルの演目に対応できる多機能ホール。1階に320席の客席を設け、2階には客席を囲むようにバルコニー席を設けている。大ホールとは対象的に、ダークトーンの天然木の内装と深みのある赤を張地にした客席が、舞台の高揚感を盛り上げる。2階バルコニー席は、客席寄りに固定イス、舞台寄りにベンチ席を配置。ベンチ席は舞台の一部として、高さを利用した演出にも転用できる。

ウェスタ川越

■所在地：埼玉県川越市　■施主：埼玉県、川越市　■設計：佐藤総合計画
■竣工：2015年　■席数：大ホール＝1,712

川越駅西口の好立地に、埼玉県と川越市の公共機関などが集約された複合拠点施設として2015年春にオープンした。県の施設には交流支援施設（多目的ホール）をはじめ、パスポートセンターなど県の地方庁舎が入居し、市の施設には文化芸術振興施設（大ホール）を中心に、市民活動・生涯学習施設や子育て支援センターなどが集合した、利便性の高い地域の新たなランドマークとなっている。大ホールは、約1,700人の収容規模に、先進的な舞台機構・照明・音響設備を備え、本格的なオペラやクラシックコンサート、バレエ、演劇など目的に合わせた多彩な演出を可能にした。3層の客席は、いずれも舞台に対する角度や段差に配慮し、舞台と観客との一体化を実現。和の風情を感じさせる内装もあり、能・狂言・歌舞伎・日本舞踊など伝統芸能にも適している。

劇場空間には、「小江戸」と呼ばれ今も歴史的情緒を残す川越の魅力や、武蔵の自然が表現されている。例えば、ホールの壁には、伝統的な木綿の縞織物「川越唐桟(とうざん)」をモチーフにした格子があしらわれ、天井にはLED照明の柔らかな光の中で反射板が浮き雲のように連なる。どちらも音響特性を導き出すための装置であり、用の美を体現したもの。客席の張地にも、川越唐桟をイメー

ジした縞織物を採用。ハレの舞台を表す赤糸や、川越の町並みを表現した色糸を縦縞に織り込み、ホール壁面の幾何学的なラインに呼応させている。客席はホールのオリジナル設計で、人体に沿った三次元曲面のクッションを付けた背もたれと、体圧を分散させて長時間の着座に配慮した座面で、快適な鑑賞をサポートしている。

勝浦市芸術文化センター Küste（キュステ）

■所在地：千葉県勝浦市　■施主：勝浦市　■設計：山下設計
■竣工：2014年　■席数：ホール＝826

古くから漁業で栄え、勝浦海中公園など観光資源にも恵まれる勝浦市に、開放的な環境の中での様々なイベントを通じて市民と観光客とのふれあいを促し、交流人口の増加を図る新たなまちづくりの拠点として創設された。音と光をコントロールするらせん状に積み上げたレンガが特徴的な建物（p.218）は、安田俊也を中心とした山下設計による。

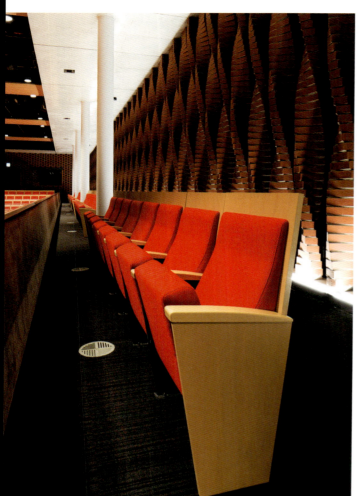

建物のモチーフであるレンガは、意匠だけでなく、外房の強い日射しを遮り、内部に和らいだ日射しを届けるルーバーの役割を果たす。また、ホールの内装では、ねじりの方向や強弱により多様な表情を見せ、その複雑な反射によって豊かな音色を生み出す装置となっている。こうしたレンガの効果に加え、ホールでは舞台照明、客席照明などをフルLED化し、省エネとメンテナンスコストの大幅な軽減を実現している。1階部分は、可動イスを完全に収納することで平土間になる（pp. 217, 219下）。大会議室との一体利用も可能で、様々なイベントに対応するだけでなく、災害時には避難所になるよう設計されている。

くれ絆ホール

■所在地：広島県呉市　■施主：呉市　■設計：大建設計
■竣工：2016年　■席数：581

呉市役所の旧庁舎および公民館、市民会館の跡地に新庁舎が竣工し、隣接するホール棟に市民ホールが誕生。庁舎棟、議会棟とはシビックモールと呼ばれる屋内通路で連結されており、行政サービスと連携した新しい市民の拠点となっている（p. 221）。プロセニアム型の本格的な劇場は、式典や講演会のほか、音響反射板の設置によりコンサートにも対応。一方、電動式の移動観覧席を採用しており、リモコンで客席を収納すれば、劇場空間は一転、約500m²の平戸間空間へと変わる。とくに客席後部のスライディングウォールを収納すると、シビックモールから一続きになるため、2018年の西日本豪雨の際は、救援物資の受け入れを行い、議会棟2階の防災会議室と連動した、自衛隊、警察、消防およびボランティアの活動拠点となった（p. 222右下）。

客席は、背の上部がすぼみ、丸みのあるシルエットと、張地のグラデーションでろうそくの炎を表現している。肘当てが開閉できるイスも設置し、車イス利用者にも対応している。また、移動観覧席は舞台側とホワイエ側の2か所に格納することができる。

ビッグルーフ滝沢

■所在地：岩手県滝沢市　■施主：滝沢市　■設計：三菱地所設計 東北支店
■竣工：2016年　■席数：大ホール＝462

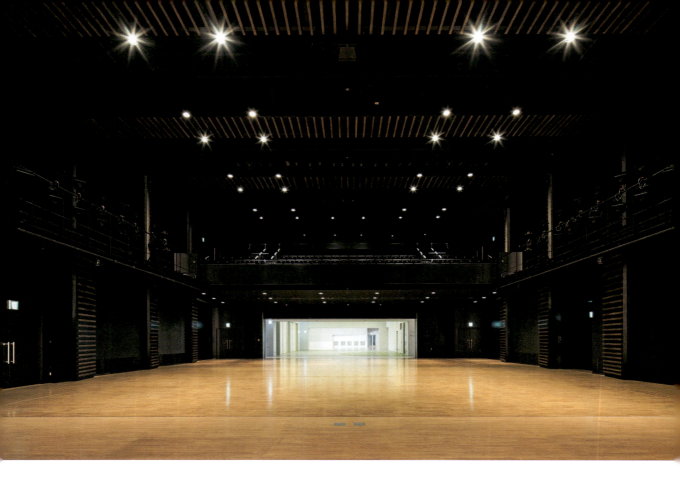

C 大ホール 2扉

観光や地域交流の機能をもった複合施設として計画され、2016年にホールと図書館が開館、翌年全面オープンした。建物は、岩手山の稜線をイメージした大らかな屋根が特徴。岩手山を望む位置に施設の中心となる「ふれあい広場」を設け、その周辺にすべての施設や部屋を配置して人々の交流を図っている。大ホールは、黒を基調にした内装に、地元の無形文化財「チャグチャグ馬コ」を連想させる色彩を散りばめた客席が映える印象的な空間。平床の後方に移動観覧席を、前方にスタッキングチェアを並べると最大462席の劇場となる。観覧席は3つのブロックに分割され、本体がエアーキャスターで自由に移動できるため、舞台と客席のレイアウトが実に多彩。コンサートや演劇、映画鑑賞、屋内スポーツまで、様々な目的で利用されている。

香椎副都心公共施設「なみきスクエア」

- 所在地：福岡県福岡市　■施主：福岡市　■設計：山下設計
- 竣工：2016年　■席数：なみきホール＝800

千早駅前の操車場跡地に、図書館、ホール、音楽・演劇練習室などの複合文化施設として誕生。立地には駅から国道に向かって整備された並木広場があり、建物名称の由来にもなっている。壁や梁などの仕切りが少ない建物は、内部と外部が連続する開放的な構造。室内の活動の様子が通りからも窺え、街並みに賑わいを与えている。また、並木広場から開放的な入口を抜けた先に、大きな吹抜けのあるエントランスホールを設け、施設内の諸室を見通しよく配置した。中心となる区民ホール「なみきホール」(pp. 228–30)は、木箱を連ねたような2階バルコニー席が、舞台の背面までぐるりと囲み、800人席規模ながら小劇場のような高揚感が漂う。黒を基調色にしたシックな内装に合わせ、客席も木部から張地まで黒で統一。背に大きく白抜きされた座席番号は(p. 229)、視認性とデザイン性を兼ね備えている。

白河文化交流館コミネス

■所在地：福島県白河市　■施主：白河市　■設計：日本設計
■竣工：2016年　■席数：大ホール＝1,104／小ホール＝321

東日本大震災から5年目に、JR白河駅前に建設された市民ホール。復興のシンボルとして、芸術文化による地域の活性化や新たなコミュニティの形成も担う。建物は、外周部を2層に抑え、勾配屋根と庇をまとう外観が特徴的で、小峰城や歴史ある街並みに溶け込む。東西2つのエントランスをつなぐ共有通路「カギガタモール」を軸に、大小2つのホール、楽屋、練習場、中庭を配置して、人々の交流を促している。大ホール（pp. 232-34）は、プロセニアム型の音楽主目的の多機能ホール。客席は、白河藩主松平定信にちなみ「楽翁桜」と命名された樹齢200年の紅枝垂れ桜をテーマにデザイン。淡いピンク系の横縞が、ホール壁面リブのデザインと調和し、横への広がりを感じさせる。飛翔する16羽の鶴によって復興への祈りを表現した緞帳は、地元出身の日本画家、今井珠泉の作品。

小ホール（p. 235）は市民活動を支援するため、段床と平土間に仕様転換が可能。収納式の移動観覧席は、最上段が左右のバルコニー席と連結できる構造で、固定席のように建築と一体化する。収納時には天然木の幕板を装備して、左右壁と連動した美観を保つことができる。白河城をイメージしたモノトーンの客席は、白、グレー、黒の糸を縦縞に織り上げ、リブ状の壁面と調和させている。

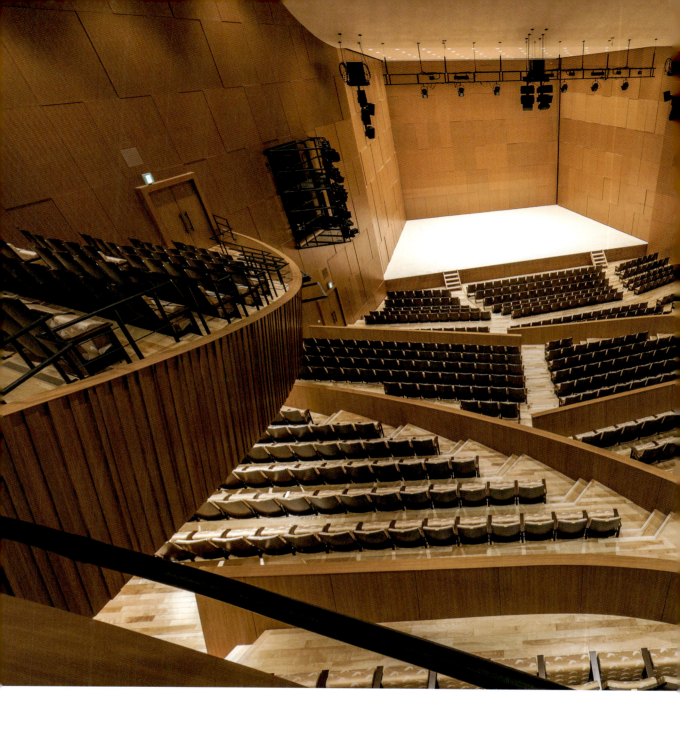

荘銀タクト鶴岡（鶴岡市文化会館）

■所在地：山形県鶴岡市　■施主：鶴岡市　■設計：SANAA＋新穂建築設計事務所＋石川設計事務所
■竣工：2017年　■席数：大ホール＝1,120

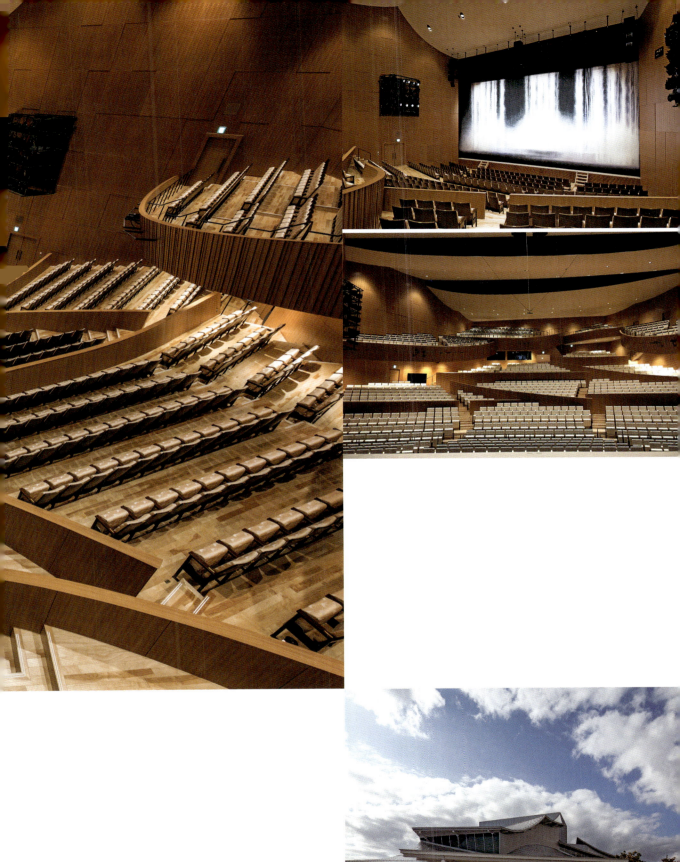

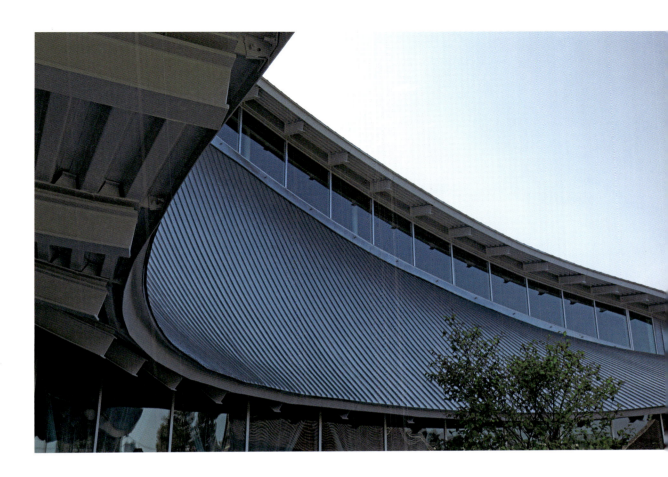

史跡「庄内藩校 致道館」が建つ鶴岡の歴史的街並みに、市民の文化芸術の拠点として開館。周囲の山々の稜線に呼応するように、柔らかな屋根のラインが連なる現代的建築は、世界的建築家の妹島和世率いるSANAAによるもの。館内は大ホールを中心に通路を巡らせ、それに沿って小ホール、練習室、楽屋を配置。通路にはSANAAデザインのソファやイスを置き、くつろぎの共有空間を生み出した。1,100人以上を収容する大ホールは、東北では珍しいヴィンヤード型を採用。舞台と客席をできるだけ近くするため、後方の客席やバルコニー席を立体的に重ねて臨場感を生み出している。客席は、設計者のコンセプトで背板や座面、脚支柱などすべて直線的なカットで統一。とくに、背板や肘当てに手作業で細かい面取りを施し、あえて角を出すことでイスの骨組みを強調し、劇場には珍しい輝きのある淡いトーンの張地を組み合わせて、軽やかな印象に仕上げている。また、1階からホール内の階段をつたってバルコニー席に行くことができ、様々な工夫で、完結した異空間を創出している。

静岡県富士山世界遺産センター

- 所在地：静岡県富士宮市　■施主：静岡県　■設計：坂茂建築設計
- 竣工：2017年　■席数：映像シアター＝74

2013年6月にユネスコの世界文化遺産に登録された「富士山――信仰の対象と芸術の源泉」を後世に守り伝えていくため、ライブラリーを含む富士山学の研究・普及拠点施設としてオープン。富士ヒノキの木格子で覆われた逆円錐形の建物が水盤に映り、富士山が姿を現すデザインは、世界的建築家の坂 茂によるもの。水盤の水は、館内の空調熱源として使われた富士山の湧き水を再利用しており、水の循環を表現している。展示棟は1階から5階までらせんスロープでつながり、壁面に投影された登山道の風景を見ながら富士登山を疑似体験でき、最上階で本物の富士山が現れる仕掛け（pp. 240–241）が好評。2階の映像シアター（p. 242）では、265インチの4Kスクリーンで迫力のある富士山を鑑賞できる。シアターの波打つ天井に「紙管」を使った幻想的な内観に、客席の白木とベージュの張地、細身のシルエットが呼応している。

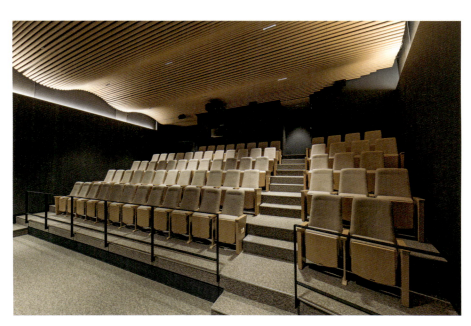

日本青年館ホール

- 所在地：東京都新宿区　■ 施主：一般財団法人日本青年館　■ 設計：久米設計
- 竣工：2017年　■ 席数：ホール＝1,249

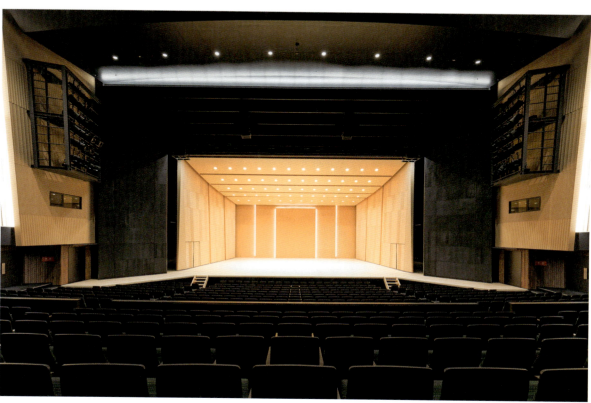

初代日本青年館は、青少年の文化・スポーツの発展と国際交流を目的に1925年開館。その後、1979年の建て替えを経て、2017年に3代目となる新館が誕生した。2020年の東京五輪開催に向けた国立競技場の建設・拡張のために、旧建物の敷地から南に80mの場所に建てられた新館は、地上16階、地下2階にホテル、ホール、オフィスが入る複合施設としてオープン。低層階にある1,249席のホールは、大規模なコンサートや演劇などが上演される人気の施設で、2代目ホールのイメージを踏襲し、縦ストライプを基調とした木質の壁面から照明光がこぼれる上品な劇場となった。客席は、神宮外苑の杜を連想させる木部の濃灰茶と張地の緑を基調とし、端部を薄くした背板や座などシャープなフォルムをもつ。張地は3段階に織り分け、客席前方から後方に向かってグラデーションを描く。また、イスの奥行きをコンパクトにすることで通路幅に余裕をもたせた。

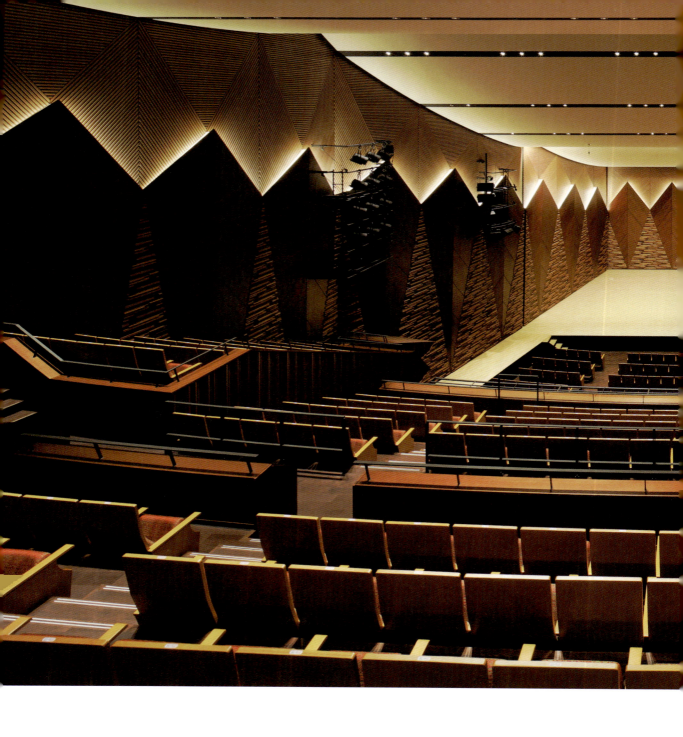

越後妻有文化ホール・十日町市中央公民館「段十ろう」

■所在地：新潟県十日町市　■施主：十日町市　■設計：梓設計・塚田設計事務所共同企業体（代表企業：梓設計）
■竣工：2017年　■席数：708

十日町市の文化会館と公民館の複合施設で、芸術・文化を通じて、街に人々の交流と賑わいを生み出すために創設された。プロセニアム型の大ホールは、十日町市出土の国宝「火焔型土器」をモチーフにした木のぬくもりが感じられる落ち着いた空間で、心地のよい音の響きを重視して設計されている。客席も、見る角度によって色や柄が変化するオリジナルの張地を使い、火焔のゆらぎと信濃川の水面の煌めきを表現している。ステージは音楽を中心としながらも、演劇や講演会など多目的に使える構造で、反響板や花道も備える。

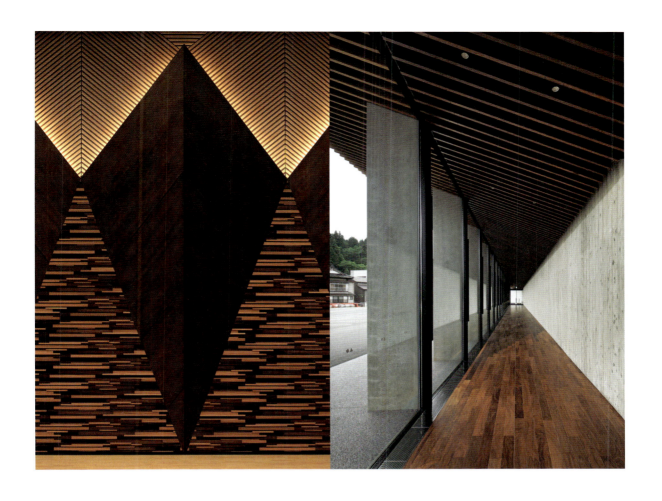

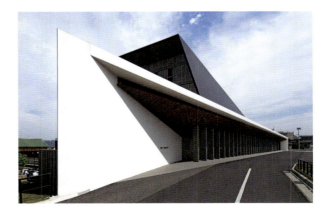

建物はシャープな傾斜の大屋根が特徴で、時の移ろいに合わせ様々な陰影を見せる。間口が狭く奥まった敷地に人々を導くため、大通りから館内へと100mを超える歩行空間「雁木ギャラリー」(p. 251上右)を設置。ギャラリーの天井には、降雪に備え新潟産スギの木のルーバーを採用。また「光り織」を組み込んで、昼間は自然光が降り注ぎ、夕刻になると幻想的に変化する表情豊かな空間を提供している。

札幌文化芸術劇場 hitaru

■所在地：北海道札幌市　■施主：札幌市　■設計：日建設計・北海道日建設計共同企業体
■竣工：2018年　■席数：劇場＝2,302／クリエイティブスタジオ＝400

都心の再開発ビル「さっぽろ創世スクエア」に2018年オープンした「札幌市民交流プラザ」は、道内最大級の劇場と文化交流機能を備えた複合施設。来場者が併設するカフェのコーヒー片手に図書館を訪れるなど、新しいスタイルの公共施設を提案している。中心となるこの劇場は、多面舞台を備えた大型のホール（pp. 252-55）で、舞台上手に主舞台と同サイズの舞台、舞台下手と正面奥側にも副舞台があり、予備空間を使っての舞台転換がスムーズ。本格的なオペラやバレエ、ミュージカルや演劇などの大型の演目にも対応できる。

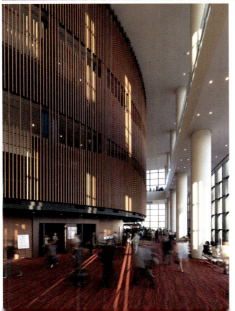

客席は3層の囲み型バルコニー席を設けたプロセニアム型の2,302席で、木質の壁に鮮やかな赤い張地が映え、ヨーロッパの劇場のような華やかさを醸し出している。1階客席は身体を預けられるよう、バルコニー階では各席からの舞台への視線に応じて、背もたれの角度を調整。舞台を囲む客席配置がつくり出す緩やかで繊細なカーブも、舞台の見やすさにこだわったもの。木の部分には、北海道産の天然木カバ材を使用し、背板は直線的に、肘掛と脚部には曲線を採り入れた。青・緑・黄の緯糸を織り込んだ張地は、光の加減で色が変化する。併設するクリエイティブスタジオ（p. 256）は、移動観覧席を採用することで、スタジオ空間から階段席への変換がスムーズになり、小ホールとしても利用ができる。

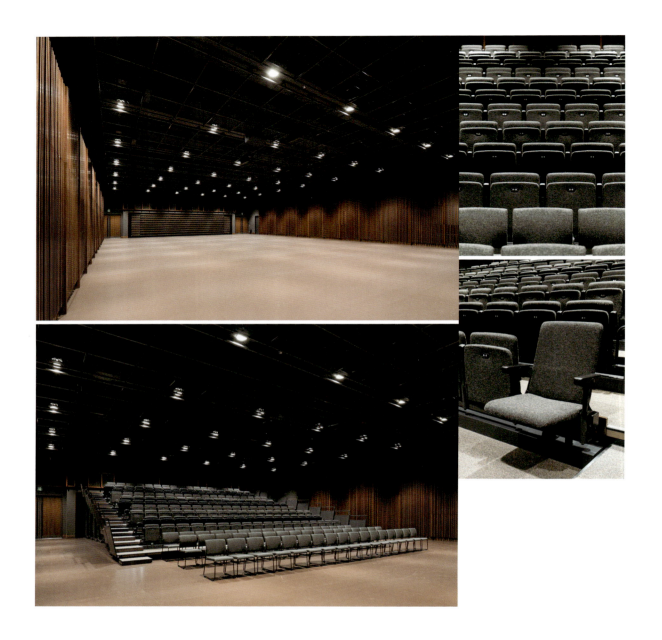

「視える」「聴こえる」を追求した劇場

「さっぽろ創世スクエア」は、札幌の中心部に建つ、官民連携の再開発事業によって計画された複合施設である。「札幌文化芸術劇場hitaru」、「札幌文化芸術交流センターSCARTS」、「札幌市図書・情報館」の3つからなる札幌市民交流プラザを中心に、放送局や新聞社を含む業務系施設、周辺地域環境に貢献する地域冷暖房プラント、屋内駐車場、公共駐輪場などの機能が集約している。

これからの札幌都心まちづくりを先導するプロジェクトとして、人々を引きつけ、賑わいある施設とするために、日常的に多くの人が利用し、人の動きが感じられる施設を低層階に配置、文化・芸術の新たなシンボルとなる「札幌文化芸術劇場hitaru」は高層階に配置した。各施設を立体的につなぎ、高さ方向へも賑わいを連続させる大きな吹き抜け空間の「SCARTSモール」は、積雪寒冷地に適した屋内型の交流空間となる。

　「札幌文化芸術劇場hitaru」は、オペラ、バレエ公演に相応しい劇場で、市内唯一の大型劇場であった旧ニトリホールの機能も引き継ぐ施設として計画された。見やすさを最優先した客席は、全ての席から舞台への最適な視線勾配を持つ分節型のバルコニー形状とした。舞台を包み込むように配置した3層のバルコニーは、舞台との距離を縮め、高揚感溢れる濃密な体験をもたらす。また、明瞭で豊かな響きを実現するため、10分の1の模型による実験と音響シミュレーションを繰り返し行い、天井反射板や壁、バルコニーの形状を決定した。木質を主体とした内装や、緩やかにうねる大地のようにラインを描くバルコニー先端部、壁面の間接照明による光の木立は、北海道の風土と自然を体現したものである。視えることと聴こえることを追求した劇場は、舞台と客席の一体感をより一層強め、優れた舞台芸術の鑑賞にふさわしい空間となっている。

株式会社北海道日建設計　中川陽介

施設一覧／写真補遺

[凡例]
・本欄には、掲載施設の基本データ（所在地、施主、設計者／改修者、竣工年／改修年、席数）と、写真に関する補足情報を一覧した。
・基本データの席数は、各劇場・ホールの最大席数を示す。移動観覧席や可動席には、席数の末尾にⓇを付した。なお、席数の詳細は各施設のHPを参照のこと。
・写真欄のページに続く□内の数字は図版番号を表す。この番号はページの上段（左から右へ）、中段（同）、下段（同）の順。2ページにまたがる写真は最初のページを採用した。各写真のフォトクレジットはp. 263を参照。

1章

東京文化会館   pp. 20–27
所在地：東京都台東区
施主：東京都
設計：株式会社前川國男建築設計事務所
改修：株式会社前川建築設計事務所
竣工：1961年／改修：2014年
席数：大ホール＝2,317／小ホール＝653
写真：pp. 20–23 大ホール；
pp. 24–25 小ホール；p. 26 エントランスロビー；
p. 27 ① 大ホールホワイエ；p. 27 ② 外観

帝国劇場   pp. 28–31
所在地：東京都千代田区
施主：東宝株式会社
設計：谷口吉郎
竣工：1966年（創立1911年）／改修：2018年
席数：1,897
写真：pp. 28–30 ホール；
p. 31 ① ロビー、大階段；p. 31 ② 外観

大阪市中央公会堂   pp. 32–35
所在地：大阪府大阪市
施主：大阪市
設計：岡田信一郎、辰野金吾、片岡 安
改修：株式会社坂倉建築研究所
竣工：1918年／改修：2002年
席数：大集会室＝1,161
写真：pp. 32–34, p. 35 ① 大集会室；
p. 35 ② 外観

ロームシアター京都   pp. 36–41
所在地：京都府京都市
施主：京都市
設計：株式会社前川國男建築設計事務所
改修：有限会社香山壽夫建築研究所
竣工：1960年／改修：2015年
席数：メインホール＝2,005／サウスホール＝716
写真：p. 36, p. 38, p. 39 ① メインホール；
p. 37 外観；p. 39 ②③ イスの張地と図案；
p. 40 ①, p. 41 ① サウスホール；
p. 40 ② ローム・スクエア（中庭）；
p. 41 ② プロムナード

日生劇場   pp. 42–45
所在地：東京都千代田区
施主：日本生命保険相互会社
設計：村野藤吾
竣工：1963年／改修：2016年
席数：1,334
写真：pp. 42–44 ホール；
p. 45 ①② ロビー、階段；p. 45 ③ 外観

国立劇場   p. 46
所在地：東京都千代田区
施主：独立行政法人日本芸術文化振興会
設計：岩本博行ほか（株式会社竹中工務店）
竣工：1966年／改修：2009年
席数：大劇場＝1,610

写真：p. 46 ① 大劇場；p. 46 ② 外観

国立能楽堂   p. 47
所在地：東京都渋谷区
施主：独立行政法人日本芸術文化振興会
設計：有限会社大江宏建築事務所
竣工：1983年／改修：2005年
席数：627
写真：p. 47 ① 能楽堂；p. 47 ② 外観

熊本県立劇場   pp. 48–53
所在地：熊本県熊本市
施主：熊本県
設計：株式会社前川國男建築設計事務所
改修：株式会社前川建築設計事務所
竣工：1982年／改修：2016年
席数：コンサートホール＝1,810／
演劇ホール＝1,172
写真：p. 48, p. 49 ①②③④, pp. 50–51 コンサートホール；p. 49 ⑤ アプローチ；p. 52 演劇ホール；p. 53 ① コンサートホールホワイエ；
p. 53 ② エントランスホール；
p. 53 ③ 演劇ホール入口の鉄製仕切りカーテン

サントリーホール   pp. 54–57
所在地：東京都港区
施主：サントリーホールディングス株式会社
設計：株式会社安井建築設計事務所、株式会社入江三宅設計事務所
竣工：1986年／改修：2017年
席数：大ホール＝2,006
写真：pp. 54–57 大ホール

オーチャードホール   pp. 58–61
所在地：東京都渋谷区
施主：東急株式会社
設計：石本、東急設計コンサルタント、MIDI総合設計研究所、ヴィルモット・ジャポン共同企業体
竣工：1989年／改修：2011年
席数：2,150
写真：p. 58, pp. 60–61 ホール；p. 59 外観

第2章

彩の国さいたま芸術劇場　pp. 64–69
所在地：埼玉県さいたま市
施主：埼玉県
設計：有限会社香山壽夫建築研究所
竣工：1994年／改修：2011年
席数：大ホール＝776／小ホール＝346Ⓡ／
音楽ホール＝604／映像ホール＝150
写真：pp. 64–66 大ホール；
p. 67①② 小ホール；p. 67③④ 映像ホール；
p. 68① ロトンダ；p. 68② 音楽ホール；
p. 69 ガレリア

東京芸術劇場　pp. 70–73
所在地：東京都豊島区
施主：東京都
設計：芦原義信
改修：東京都財務局建築保全部施設整備第一課、
株式会社松田平田設計
設計協力：有限会社香山壽夫建築研究所
竣工：1990年／改修：2012年
席数：コンサートホール＝1,999／
プレイハウス＝834／シアターイースト＝286Ⓡ／
シアターウエスト＝270Ⓡ
写真：pp. 70–71 コンサートホール；
p. 71④ コンサートホールエントランス；
p. 72①②③④ プレイハウス；
p. 72⑤⑥ シアターウエスト；
p. 72⑦ シアターイースト p. 73① アトリウム；
p. 73② 外観

愛知県芸術劇場　pp. 74–75
所在地：愛知県名古屋市
施主：愛知県
設計：株式会社A&T建築研究所
竣工：1992年／改修：2019年
席数：大ホール＝2,480
写真：p. 74, p. 75② 大ホール；
p. 75① 吹き抜けロビー；
p. 75③ 大ホールエントランス；p. 75④ 外観

浜離宮朝日ホール　pp. 76–77
所在地：東京都中央区
施主：株式会社朝日新聞社
設計：株式会社竹中工務店
竣工：1992年
席数：音楽ホール＝552
写真：p. 76, p. 77① 音楽ホール；p. 77② ロビー

鎌倉芸術館　pp. 78–81
所在地：神奈川県鎌倉市
施主：鎌倉市
設計：株式会社石本建築事務所
竣工：1993年／改修：2017年
席数：大ホール＝1,500
写真：pp. 78–80 大ホール；p. 81① 内庭；
p. 81② 外観

横須賀芸術劇場　pp. 82–85
所在地：神奈川県横須賀市
施主：横須賀市
設計：株式会社丹下都市建築設計
竣工：1994年
席数：大劇場＝1,806／小劇場＝574Ⓡ
写真：pp. 82–84　大劇場；p. 85① 外観；
p. 85②③ 小劇場

東京国際フォーラム　pp. 86–89
所在地：東京都千代田区
施主：東京都
設計：ラファエル・ヴィニオリ建築士事務所
竣工：1996年／改修：2013年
席数：ホールA＝5,012
写真：p. 86, p. 87①②, pp. 88–89 ホールA；
p. 87③ 外観；p. 87④ ホールA2階ロビー

シンフォニア岩国 山口県民文化ホール
いわくに　pp. 90–93
所在地：山口県岩国市
施主：山口県
設計：株式会社大谷研究室
竣工：1996年
席数：コンサートホール＝1,205／多目的ホール
＝374Ⓡ
写真：pp. 90–91　コンサートホール；
p. 92　多目的ホール；p. 93① 外観；
p. 93② ホワイエ

りゅーとぴあ 新潟市民芸術文化会館
pp. 94–97
所在地：新潟県新潟市
施主：新潟市
設計：長谷川逸子・建築計画工房株式会社
竣工：1998年
席数：コンサートホール＝1,884
写真：p. 94　外観；
p. 96, p. 97①② コンサートホール；
p. 97③ 建物からの眺望

なら100年会館　pp. 98–103
所在地：奈良県奈良市
施主：奈良市
設計：株式会社磯崎新アトリエ
竣工：1998年
席数：大ホール＝2,381／中ホール＝434
写真：pp. 98–99, p. 100①③④ 大ホール；
p. 100② 大ホール1階南側通路壁面のフレスコ
画；p. 102　中ホール；
p. 103① 中ホールロビー；
p. 103② エントランス；p. 103③ 外観

札幌コンサートホール Kitara
pp. 104–07
所在地：北海道札幌市
施主：札幌市
設計：株式会社ドーコン
竣工：1997年
席数：大ホール＝2,008

写真：pp. 104–06, p. 107① 大ホール；
p. 107② 大ホールホワイエ；p. 107③ 外観

横浜みなとみらいホール　pp. 108–11
所在地：神奈川県横浜市
設計：日建設計
竣工：1998年
席数：大ホール＝2,020
写真：p. 108, p. 109①, pp. 110–11 大ホール；
p. 109② 外観

滋賀県立芸術劇場 びわ湖ホール　pp. 112–17
所在地：滋賀県大津市
施主：滋賀県
設計：株式会社佐藤総合計画
竣工：1998年
席数：大ホール＝1,848／中ホール＝804／小
ホール＝323
写真：p. 112, p. 113①③④, pp. 114–15 大ホー
ル；p. 113②, p. 117② ホワイエ；
p. 116①② 中ホール；p. 116③④ 小ホール；
p. 117① メインロビー；p. 117③ 外観

第3章

可児市文化創造センター ala
pp. 120–25

所在地：岐阜県可児市
施主：可児市
設計：有限会社香山壽夫建築研究所
竣工：2002年
席数：主劇場＝1,019
写真：pp. 120–22, p. 123②③, pp. 124–25
主劇場；p. 123① 外観

茅野市民館
pp. 126–31

所在地：長野県茅野市
施主：茅野市
設計：NASCA
竣工：2005年
席数：マルチホール＝780Ⓡ
写真：pp. 126–30, p. 130① マルチホール；
p. 130② 外観；p. 131① 図書室へのスロープ；
p. 131② 図書室

石川県立音楽堂
pp. 132–35

所在地：石川県金沢市
施主：石川県
設計：有限会社芦原建築設計研究所
竣工：2001年
席数：コンサートホール＝1,560／邦楽ホール＝
727
写真：p. 132, p. 133①②③ 邦楽ホール；
p. 133④, p. 135① 外観；
p. 134, p. 135② コンサートホール

北九州市ウェルとばた
pp. 136–39

所在地：福岡県北九州市
施主：北九州市
設計：株式会社梓設計
竣工：2002年
席数：大ホール＝800／中ホール＝300
写真：pp. 136–37 大ホール；
p. 138, p. 139① 中ホール；p. 139② ロビー；
p. 139③ 外観

国立劇場おきなわ
pp. 140–41

所在地：沖縄県浦添市
施主：独立行政法人日本芸術文化振興会
設計：株式会社高松伸建築設計事務所
竣工：2003年
席数：大劇場＝632／小劇場＝255
写真：p. 140, p. 141① 大劇場；
p. 141② 小劇場；p. 141③ 外観

北九州芸術劇場
pp. 142–45

所在地：福岡県北九州市
施主：北九州市
設計：株式会社日本設計
竣工：2003年
席数：大ホール＝1,269／中劇場＝700／
小劇場＝216Ⓡ
写真：pp. 142–43 大ホール；p. 144① 中劇場；

p. 144② 外観；p. 145 小劇場

ミューザ川崎シンフォニーホール
pp. 146–49

所在地：神奈川県川崎市
施主：川崎市
竣工：2003年／改修：2013年
席数：音楽ホール＝1,997
写真：p. 146, p. 147①②, pp. 148–49 大ホール；
p. 147③ 外観

まつもと市民芸術館
pp. 150–53

所在地：長野県松本市
施主：松本市
設計：株式会社伊東豊雄建築設計事務所
竣工：2004年
席数：主ホール＝1,800／実験劇場＝360Ⓡ／
小ホール＝288
写真：pp. 150–52, p. 153⑤ 主ホール；
p. 153① 外観；p. 153② シアターパーク；
p. 153③ 実験劇場；p. 153④ 小ホール

酒田市民会館「希望ホール」
pp. 154–55

所在地：山形県酒田市
施主：酒田市
設計：株式会社本間利雄設計事務所
竣工：2004年
席数：大ホール＝1,287
写真：p. 154, p. 155① 大ホール；
p. 155② 外観

高松市文化芸術ホール
（サンポートホール高松）
pp. 156–57

所在地：香川県高松市
施主：高松市
設計：松田平田設計・NTTファシリティーズ・
A&T建築研究所・大成建設設計 共同企業体
竣工：2004年
席数：大ホール＝1,500
写真：p. 156, p. 157② 大ホール；
p. 157③ 3階ホワイエ；p. 157③ 外観

兵庫県立芸術文化センター
158–61

所在地：兵庫県西宮市
施主：兵庫県
設計：日建設計
竣工：2005年
席数：KOBELCOホール＝2,141／阪急中ホール
＝800／神戸女学院小ホール＝417
写真：pp. 158–59, p. 160② KOBELCOホール；
p. 160①③ 阪急中ホール；
p. 160④, p. 161① 神戸女学院小ホール；
p. 161② 外観

都城市総合文化ホールMJ
pp. 162–65

所在地：宮崎県都城市
施主：都城市
設計：株式会社NTTファシリティーズ
竣工：2006年

席数：大ホール＝1,461／中ホール＝682
写真：p. 162①, p. 163 中ホール；
p. 162②, p. 165② 外観；
p. 164, p. 165① 大ホール

三原市芸術文化センター「ポポロ」
pp. 166–67

所在地：広島県三原市
施主：三原市
設計：株式会社槇総合計画事務所
竣工：2007年
席数：1,209
写真：p. 166, p. 167③ ホール；
p. 167① 外観；p. 167② ホワイエ

大船渡市民文化会館・市立図書館
「リアスホール」
pp. 168–71

所在地：岩手県大船渡市
施主：大船渡市
設計：株式会社新居千秋都市建築設計
竣工：2008年
席数：大ホール＝1,100
写真：pp. 168–69 大ホール；
p. 170, p. 171③④⑤ 建物内観；
p. 171①② 外観；p. 171⑥ 市立図書館

渋谷区文化総合センター大和田
pp. 172–75

所在地：東京都渋谷区
施主：渋谷区
設計：株式会社NTTファシリティーズ
竣工：2010年
席数：さくらホール＝735／伝承ホール＝345
写真：pp. 172–74 さくらホール；
p. 175①②③ 伝承ホール；p. 175④ 外観

大阪新歌舞伎座
pp. 176–79

所在地：大阪府大阪市
施主：株式会社新歌舞伎座
設計：株式会社日本設計
竣工：2010年／席数：1,453
写真：pp. 176–78 劇場；p. 179① ホワイエ；
p. 179② 外観

島根県芸術文化センター「グラントワ」
pp. 180–85

所在地：島根県益田市
施主：島根県
設計：株式会社内藤廣建築設計事務所
竣工：2005年
大ホール：1,500／小ホール：400
写真：pp. 180–81 中庭広場；
pp. 182–83 大ホール；p. 184 小ホール；
p. 185①② 島根県立石見美術館；
p. 185③ ホワイエ

第4章

釜石市民ホール TETTO　pp. 188–93
所在地：岩手県釜石市
施主：釜石市
設計：有限会社aat＋ヨコミゾマコト建築設計事務所
竣工：2017年
席数：ホールA＝838Ⓡ
写真：pp. 188–89, p. 190②, p. 191,
p. 192①②④, p. 193 ホールA；
p. 190① ホール前広場；p. 192③ 外観

由利本荘市文化交流館 カダーレ　pp. 194–98
所在地：秋田県由利本荘市
施主：由利本荘市
設計：株式会社新居千秋都市建築設計
竣工：2011年
席数：大ホール＝1,110Ⓡ
写真：p. 194, p. 195③⑤, p. 196 内観；
p. 195①② 外観；p. 195④ 図書館；
pp. 196–97 大ホールA

新潟市江南区文化会館　pp. 200–01
所在地：新潟県新潟市
施主：新潟市
設計：株式会社新居千秋都市建築設計
竣工：2012年
席数：音楽演劇ホール＝399
写真：p. 200, p. 201① 音楽演劇ホール；
p. 201② 外観；p. 201③ 内観；
p. 201④⑤ 図書館

新潟市秋葉区文化会館　pp. 202–03
所在地：新潟県新潟市
施主：新潟市
設計：株式会社新居千秋都市建築設計
竣工：2013年
席数：496
写真：p. 202 ホール；p. 203①②③ 内観；
p. 203④⑤ 外観

フェスティバルホール　pp. 204–07
所在地：大阪府大阪市
施主：株式会社朝日新聞社
設計：日建設計
竣工：2013年
席数：2,700
写真：pp. 204–05, p. 206①③⑤ ホール；
p. 206② メーンホワイエ；
p. 207① エントランスホワイエへの大階段；
p. 207② 壁面レリーフ（建畠覚造作）；
p. 207③④ 外観

上田市交流文化芸術センター　pp. 208–11
所在地：長野県上田市
施主：上田市
設計：株式会社柳澤孝彦＋TAK建築研究所・
株式会社梓設計共同企業体
竣工：2014年

席数：大ホール＝1,530／小ホール＝320
写真：p. 208, p. 210 大ホール；
p. 209① 交流プロムナード；p. 209② 外観；
p. 209③ 大ホールホワイエ；p. 211 小ホール

ウェスタ川越　pp. 212–15
所在地：埼玉県川越市
施主：埼玉県、川越市
設計：株式会社佐藤総合計画
竣工：2015年
席数：大ホール＝1,712
写真：pp. 212–14, p. 215② 大ホール；
p. 215① 外観；p. 215③ ホワイエ

勝浦市芸術文化交流センター
Küste（キュステ）　pp. 216–19
所在地：千葉県勝浦市
施主：勝浦市
設計：株式会社山下設計
竣工：2014年
席数：ホール＝826Ⓡ
写真：pp. 216–17, p. 218①, p. 219 ホール；
p. 218② ロビー；p. 218③ 外観

くれ絆ホール　pp. 220–23
所在地：広島県呉市
施主：呉市
設計：株式会社大建設計
竣工：2016年
席数：581Ⓡ
写真：p. 220, pp. 222–23 ホール；
p. 221① シビックモール；p. 221② 外観

ビッグルーフ滝沢　pp. 224–27
所在地：岩手県滝沢市
施主：滝沢市
設計：株式会社三菱地所設計 東北支店
竣工：2016年
席数：大ホール＝462Ⓡ
写真：pp. 224–25, p. 226①, p. 227①③ 大
ホール；p. 226② ホワイエ（奥は小ホール）；
p. 227② サイン；p. 227④ 小ホール；
p. 227⑤ 外観；p. 227⑥ ふれあい広場

香椎副都心公共施設「なみきスクエア」　pp. 228–31
所在地：福岡県福岡市
施主：福岡市
設計：株式会社山下設計
竣工：2016年
席数：なみきホール＝800
写真：pp. 228–29, p. 230② なみきホール；
p. 230① 外観；p. 231① エントランスホール；
p. 231② キッズルーム

白河文化交流館 コミネス　pp. 232–35
所在地：福島県白河市
施主：白河市
設計：株式会社日本設計
竣工：2016年

席数：大ホール＝1,104／小ホール＝321Ⓡ
写真：pp. 232–34 大ホール；
p. 235①②③④ 小ホール；p. 235⑤ 外観

荘銀タクト鶴岡（鶴岡市文化会館）　pp. 236–39
所在地：山形県鶴岡市
施主：鶴岡市
設計：SANAA＋新穂建築設計事務所＋石川設計
事務所
竣工：2017年
席数：大ホール＝1,120
写真：p. 236, p. 237②, p. 238　大ホール；
p. 237① 本緞帳（原画：千住博《水神》）；
p. 237③, p. 239① 外観；
p. 239② エントランスホール

静岡県富士山世界遺産センター　pp. 240–43
所在地：静岡県富士宮市
施主：静岡県
設計：株式会社坂茂建築設計
竣工：2017年
席数：映像シアター＝74
写真：pp. 240–41 5階ピクチャーウインドウ；
p. 242 映像シアター；p. 243 外観

日本青年館ホール　pp. 244–47
所在地：東京都新宿区
施主：一般財団法人日本青年館
設計：株式会社久米設計
竣工：2017年
席数：ホール＝1,249
写真：pp. 244–46, p. 247①②③ ホール；
p. 247④ ホワイエ

越後妻有文化ホール・十日町市中央公民館
「段十ろう」　pp. 248–51
所在地：新潟県十日町市
施主：十日町市
設計：株式会社梓設計・株式会社塚田設計事務所
共同企業体（代表企業：株式会社梓設計）
竣工：2017年
席数：708
写真：pp. 248–50, p. 251① ホール；
p. 251② 雁木ギャラリー；p. 251③ 外観

札幌文化芸術劇場hitaru　pp. 252–58
所在地：北海道札幌市
施主：札幌市
設計：日建設計・北海道日建設計共同企業体
竣工：2018年
席数：劇場＝2,302／クリエイティブスタジオ＝
400Ⓡ
写真：pp. 252–54, p. 255①②③, p. 256, p.
258 劇場；p. 255④ 劇場ホワイエ；
p. 256 クリエイティブスタジオ；p. 257① 外観；
p. 257② SCARTSモール

フォトクレジット

[凡例]

・本欄には、1章から4章に掲載した写真の撮影者および写真提供、写真協力、クレジットを一覧した。

・ページ数に続く□内の数字は図版番号を表す。この番号はページの上段（左から右へ）、中段（同）、下段（同）の順。2ページにまたがる写真は最初のページを採用し、劇場・ホールごとに「;」で区切った。

[撮影者]

荒木文雄：pp. 20–26, p. 27 [1]; p. 36 [1], pp. 38–39, p. 40 [1], 41 [1]; pp. 42–45; p. 58, pp. 60–61; pp. 208–11; pp. 248–51

村田雄彦：pp. 28–31, pp. 54–57: pp. 74–75; pp. 76–77; pp. 78–81; pp. 82–84. p. 85 [2] [3]; pp. 86–89 pp. 104–07; pp. 112–17; p. 144 [2]; pp. 146–48; pp. 166–67; pp. 172–75; pp. 188–92; p. 200 [2] [3]; pp. 204–06; p. 207 [1] [2] [4]; pp. 212–14, p. 215 [2] [3]; pp. 216–19; pp. 224–27; pp. 228–31; pp. 232–35; p. 236, p. 237 [1] [3], pp. 238–39; p. 242, p. 243 [2] [3]; pp. 244–47; pp. 252–54, p. 255 [1] [2] [3], p. 256, p. 257 [1], p. 258

滝本徳明：pp. 32–35, p. 68 [2]; pp. 96, p. 97 [1]; p. 108, p. 109 [1], pp. 110–11; pp. 126–28, pp. 130–31; pp. 132–35; pp. 142–43, p. 144 [1], p. 145; pp. 158–60, p. 161 [1]; p. 162 [1], pp. 163–64, p. 165 [1]; pp. 182–84

小川重雄：p. 37 [2]; p. 40 [2], 41 [2]; pp. 64–66, p. 67 [1] [2], p. 68 [1]

大野 繁：p. 47 [1]; pp. 70–73; pp. 140–41; pp. 150–52, p. 153 [2] [3] [4] [5]; pp. 154–55; p. 156, p. 157 [1] [2]; p. 178 [3], p. 179 [2]; p. 194, p. 195 [4]

佐藤和成：pp. 48–53; pp. 98–103; pp. 136–39; pp. 176–77, p. 178 [2]; pp. 220–23

木田勝久：p. 97 [3]

淺川 敏：p. 129

平 剛：p. 157 [3]

Sergio Pirrone：pp. 168–70, p. 171 [4] [5] [6]; p. 195 [1] [2] [3] [5], p. 198; p. 200 [1], p. 201; pp. 202–03

小川泰祐：p. 171 [1] [2] [3]; pp. 196–97

近藤康岳：p. 178 [1], p. 179 [1]

奥山淳志：p. 193

平井広行：pp. 240–41, p. 243 [1]

クリエイティブアイズ 川村剛弘：p. 255 [4], p257 [2]

コトブキシーティング・アーカイブ：p. 46 [1]; p. 91, p. 92 [1] [3]; pp. 120–22, p.123 [2] [3], p. 125

[写真提供]

東京文化会館：p. 27 [2]

独立行政法人日本芸術文化振興会：p. 46 [2]

国立能楽堂：：p. 47 [2]

株式会社東急文化村：p. 59 [1]

彩の国さいたま芸術劇場：pp. 64–67, p. 68 [1], p. 69

横須賀芸術劇場：p. 85 [1]

山口県民文化ホールいわくに：p. 90, p. 93

公益財団法人 新潟市芸術文化振興財団：pp. 94–95

長谷川逸子・建築計画工房：p. 97 [2] [3]

横浜みなとみらいホール：p. 109 [2]

可児市文化創造センター ala：p. 123 [1]

まつもと市民芸術館：p. 153 [1]

兵庫県立芸術文化センター：p. 161 [2]

都城市総合文化ホール MJ：p. 162 [2], p. 165 [2]

内藤廣建築設計事務所：pp. 180–81, p. 185

朝日新聞社：p. 207 [3]

ウェスタ川越：p. 215 [1]

SANAA©：p. 237 [2]

[写真協力]

サントリーホール、NHK交響楽団：pp. 54–57

編集（コトブキシーティング・アーカイブ）
古谷達朗、高井 真、朝倉三和子、道端めい

編集協力
藤元由記子（株式会社ブックエンド）、宮武麻衣子（NISSHA）、
真下晶子、奥間和美

劇場建築とイス
客席から見た小宇宙 1911–2018

2019年12月3日　初版第一刷発行
2020年10月5日　初版第二刷発行

企画・監修　コトブキシーティング・アーカイブ
〒101-0062 東京都千代田区神田駿河台1-2-1
Tel. 03-5280-5399　Fax. 03-5280-5776
http://kotobuki-seating.co.jp

発行人　藤元由記子
発行所　株式会社ブックエンド
〒101-0021 東京都千代田区外神田6丁目11-14
アーツ千代田3331 #309号
Tel. 03-6806-0458　Fax. 03-6806-0459
http://bookend.co.jp

ブックデザイン　折原 滋（O design）
印刷・製本　NISSHA

Printed in Japan
ISBN978-4-907083-56-4
© 2019 Kotobuki Seating Co., Ltd.

乱丁・落丁はお取り替え致します。
本書の無断複写・複製は、法律で認められた例外を除き、
著作権侵害となります。